后浪出版公司

井山裕太的围棋教室

［日］井山裕太 —— 著

官岚行 —— 译

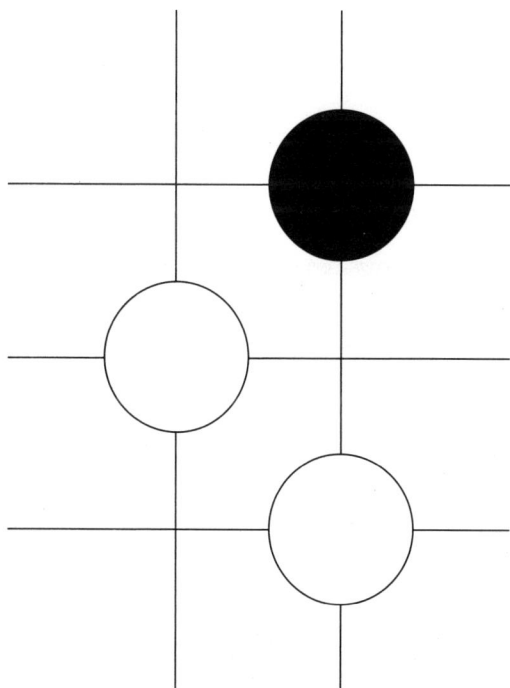

四川文艺出版社

图书在版编目（CIP）数据

井山裕太的围棋教室 / （日）井山裕太著；官岚行
译 . -- 成都：四川文艺出版社，2018.12
ISBN 978-7-5411-5189-7

Ⅰ . ①井… Ⅱ . ①井… ②官… Ⅲ . ①围棋—基本知
识 Ⅳ . ① G891.3

中国版本图书馆 CIP 数据核字 (2018) 第 260113 号

IYAMA YUTA NO JISSEN IGORYOKU YOSEIKOUZA by Yuta Iyama
Copyright © Yuta Iyama 2014
All rights reserved.
Original Japanese edition published by NHK Publishing, Inc.

This Simplified Chinese language edtion published by arrangement with
NHK Publishing, Inc., Tokyo in care of Tuttle-Mori Agency, Inc., Tokyo
Through Bardon-Chinese Media Agency, Taipei

版权登记号 图进字：21-2018-641

JINGSHANYUTAI DE WEIQI JIAOSHI

井山裕太的围棋教室

［日］ 井山裕太 著

官岚行 译

选题策划	后浪出版公司
出版统筹	吴兴元
编辑统筹	梅天明
责任编辑	程 川 周 轶
责任校对	汪 平
特约编辑	王介平 宁天虹
装帧制造	墨白空间·张静涵
营销推广	ONEBOOK

出版发行	四川文艺出版社（成都市槐树街 2 号）
网 址	www.scwys.com
电 话	028-86259287（发行部）　028-86259303（编辑部）
传 真	028-86259306

邮购地址	成都市槐树街 2 号四川文艺出版社邮购部 610031
印 刷	北京天宇万达印刷有限公司
成品尺寸	143mm × 210mm　1/32
印 张	8　　　　　　　　　字 数 150 千字
版 次	2018 年 12 月第一版　印 次 2018 年 12 月第一次印刷
书 号	ISBN 978-7-5411-5189-7
定 价	42.00 元

写在前面

非常感谢您翻阅本书。本书内容面向的是围棋棋力介于初学至冲击初段之间的读者。

我想不管在任何领域，初学者所头痛的都可以说是"专业术语"。尤其谈到围棋，虽不过是在盘上放置棋子，却有可以说是数不清的术语，因而似乎令各位新手颇感迷惑。

然而，特别的表述被沿用至今，是有其意义、有其理由的。棋艺精进便会加深对那些术语的理解；而另一方面，对术语的理解也会成为进步的助力。

有鉴于此，本书意在引导围棋新手对术语进行正确理解。书中出题来对术语知识进行测验，并从"布局的基础""攻守""棋子的调动""死活的基础""手筋、对杀"五个视点，试着对围棋基础中的基础进行归纳。

书中收录的内容在《NHK围棋讲座》教材2013年4月号至2014年3月号连载内容的基础上，进一步针对围棋初学者进行了重编。此外还准备了大量新题目，以期让看过连载的读者也能读得开心。通过本书，各位若能更多地享受到围棋的乐趣，便是我最大的荣幸。

井山裕太　2014年4月

执笔协力：伊濑英介

目　录

第1章　布局的基础 / 9

第5章 手筋、对杀 / 199

更多围棋术语

第 1 章　布局的基础

1 盘面空间的名称及高低位

图1 棋盘各区域的名称

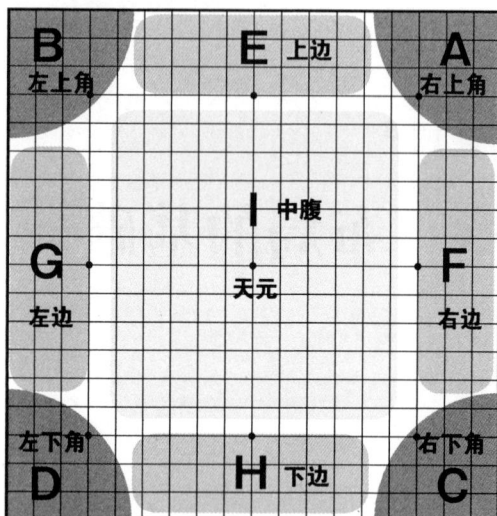

图1 棋盘各区域的名称

图 1（名称）

以●标示的 A～D 区 称 为"**角**"。分别是：

A——右上角，

B——左上角，

C——右下角，

D——左下角。

●所示 E～H 区是"**边**"。E 为上边，F 为右边，G 为左边，H 为下边。剩下 色的 I 区一带则叫作"**中腹**"。

图2 中腹为高位

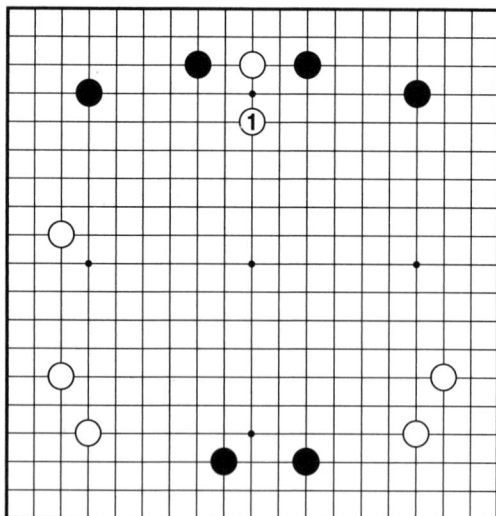

图 2（中腹为高位）

朝中腹行去的行棋方向界定为"**高位**"。白 1 的"**一间跳**"即是往高位出头的一手。

●黑先

面对黑1，白棋2位跳了出来。行棋时，趋向高位十分重要。那么黑方接下来的一手，您认为A位和B位哪边比较好？

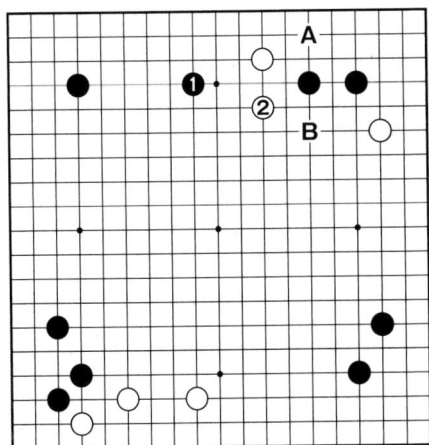

●黑先

黑1之后，白2不好。黑方该下A、B中哪一处？

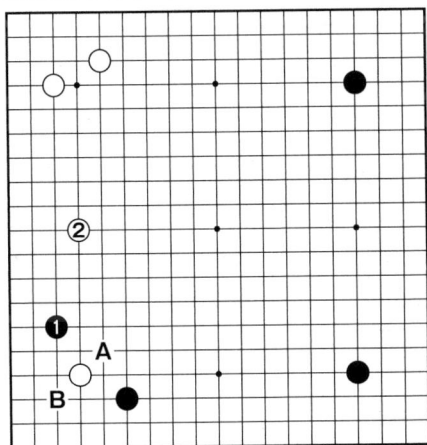

图 1　往高位出头的同时分断白棋

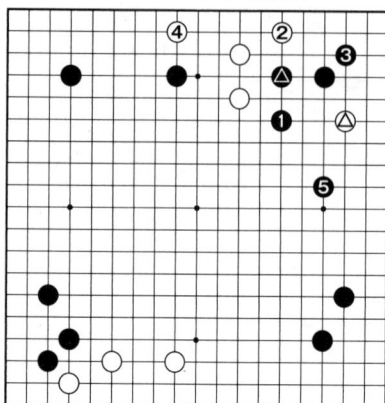

图 1（答案）

黑 1（B 位）跳是正确答案。看起来是自●往下走，但因为这是朝向中腹的一手，应该要叫"**往高位出头**"。序盘时行棋趋向高位十分重要，面对白 2、4，黑棋 5 位攻击△形势很好。

图 2　攻守逆转

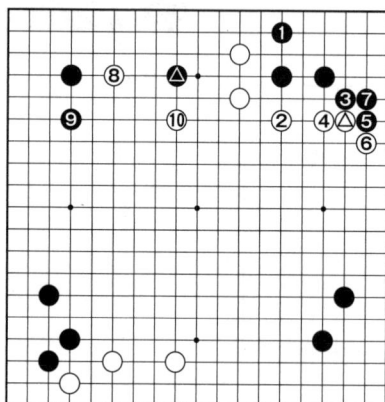

图 2（失败）

行黑 1 棋形"**往低位闭锁**"，是错着。序盘起就被白棋 2 位"**封锁**"（即通往中腹的出口遭到封闭）很不好，这样非但变得无法攻击到△，至白 10 反而眼看着●就要遭到进攻了。

图 1　封锁获得成功

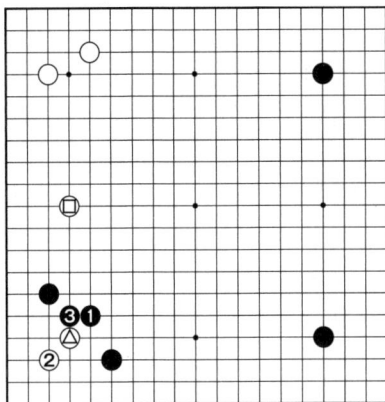

图 1（答案）

黑 1（A 位）进行封锁是正确答案。如遇白 2 回应则杀不掉白棋，但仅仅实现封锁就已经相当成功。黑 3 防患未然则连左边的白棋也会变薄，白方抢至⬜效果全无。

图 2　白棋势力扩大

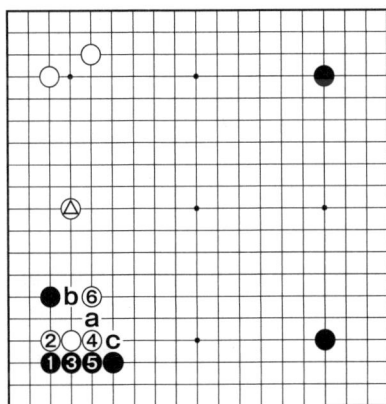

图 2（失败）

黑 1 的三三（B 位）一手一旦被回以白 2 至 6，△生效后左边将成白方的势力范围。这样就放跑了封锁白棋的机会。反观白方，在问题 2 图中△一手之时，依 a～c 这样的路数朝中腹行出是定式。

图 1　起手占角

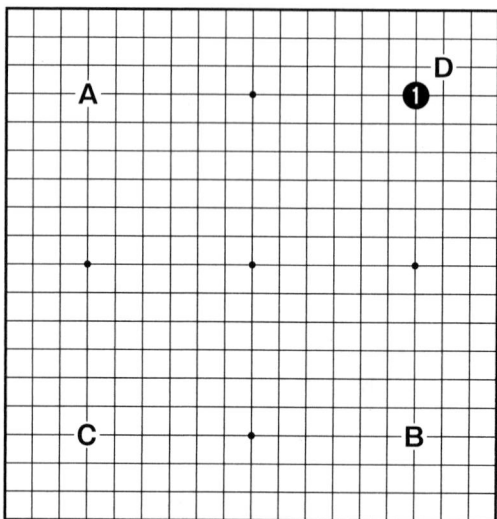

围棋中虽说落子在何处皆是棋手的自由，但由于有围地这个目的存在，首先从**角**开始行棋是通常会采取的下法。

尚未被任何棋子下到的角称为"**空角**"，而共 4 个空角双方各分占两个是最为常识性的围棋开局。

占角也有若干种下法，而在业余爱好者中最常下的是黑 1 的"**星**"。A ～ C 等处同样是星位。

规则上来说，第一手从黑 1、A、B、C 中的任意一角开始下都可以，但就礼仪而言，初手要占右上角。此外，相应于黑 1，白方的第 2 手下 A 位或 C 位也才符合礼仪。

因为星位只要一手就可以占角，由角向边的发展会很顺畅。此外，星位定式数量不多且大部分是简明的类型，推荐入段前的棋手使用。只是这样会被白棋盯上 D 位的三三点入，因而要稳固角上地盘黑棋也需花一番功夫。

由于下**让子棋**时**让子**全在星位，星对于未入段的棋手可以说是最为熟悉的占角方式。即便互先，下星位仍然是有力的手段。

3 小目

图1 易于达成均衡的小目

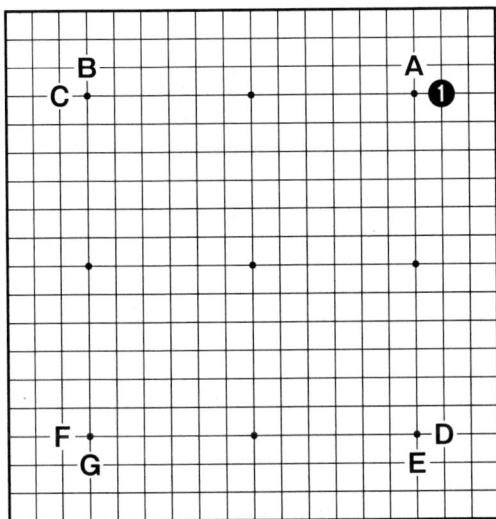

图1（均衡的小目）

黑棋1位下在星的旁边，该处叫"小目"。此外A～G也是小目。第一手下右上角的小目时，黑方落子在1位而非A位被视作是礼数。

图2（守角为好形）

图2 小目起步的守角

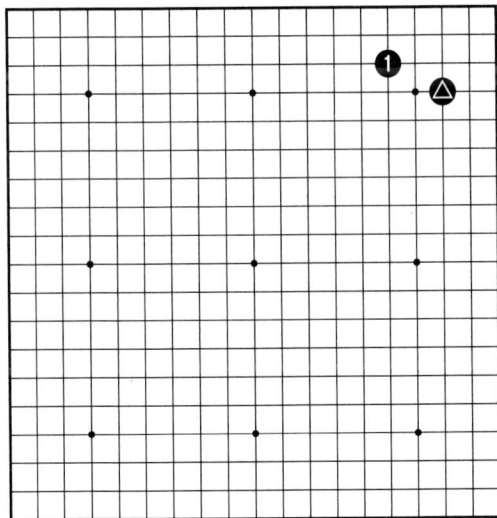

小目的特长在于实利与势力的均衡感良好，可适用于各种各样的战法。再有一点就是，从▲位再花一手于黑1下成"守角"，可以得到实利与势力兼具的好形。

4 三三

图1 重视实利的三三

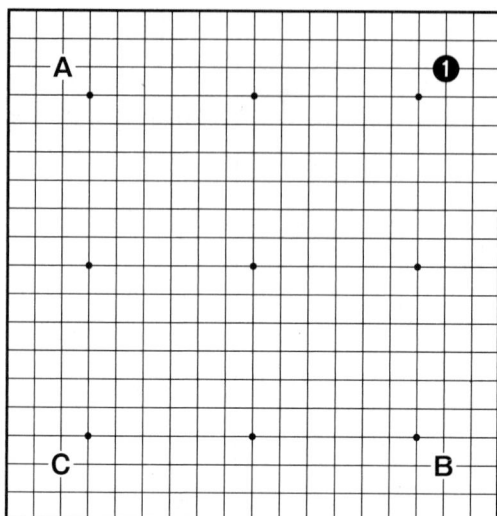

图2 三三在中腹发展上显得弱势

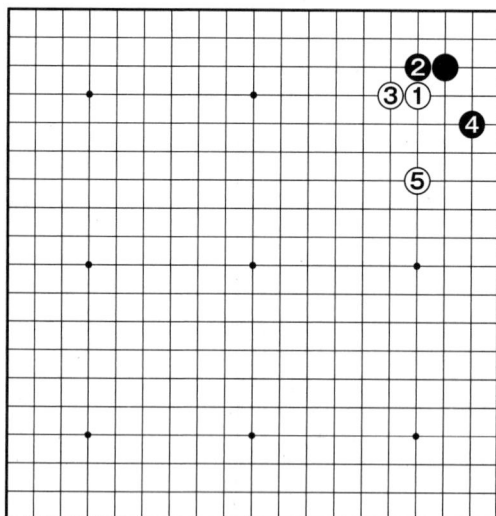

图1（取实利的三三）

黑1叫"三三"。三三能够切实确保角上的实利。此外A～C也是三三。最近三三占角稍微变得有些少见了，但它毕竟还是从过去就一直有人下的一手。

图2（不适于发展模样）

三三易得实利的反面，是它会被白1的"**肩冲**"简单就夺走向中腹的发展性。由于这个原因，以三三为中心展开"**模样**"的下法并不合适。

5 目外、高目

图1 重视边的目外

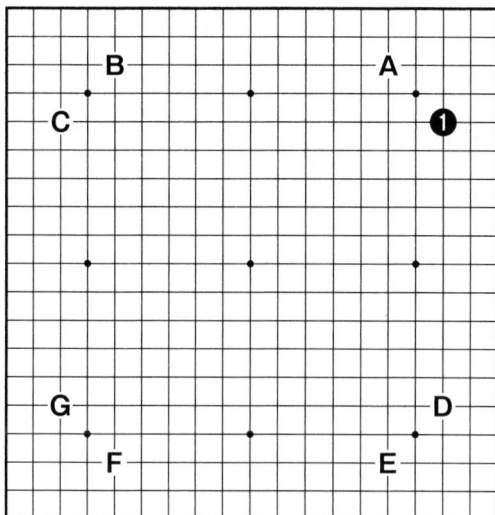

图2 重视边至中腹的高目

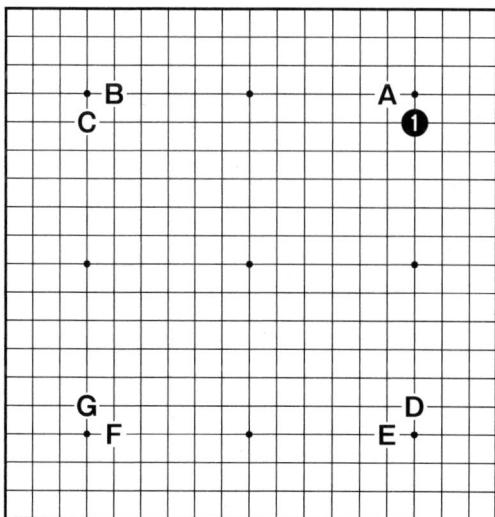

图1（重视于边）

黑1叫"目外"。A～G同为目外，这是对边重视的下法。

黑1位的目外易于往右边发展势力，是出于重视右边的想法下出的一手。

图2（边上的势力）

黑1叫"高目"。A～G同为高目，是比目外还更重视边上势力的下法。角上的地虽会轻易被掏，但却能自边向中腹造出外势。

图1 好战的超高目

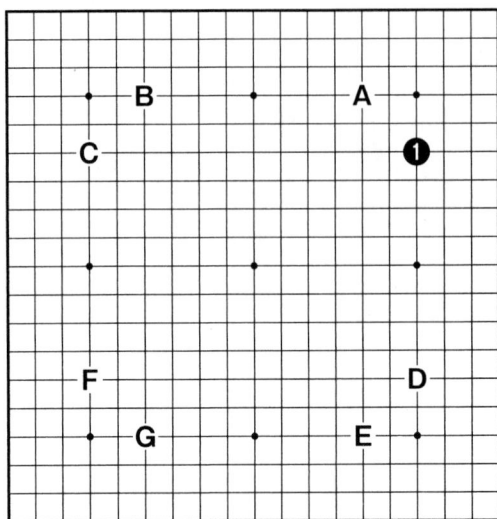

黑1是称为"**超高目**"的下法。由于是种特殊的策略，实战中几乎不会见到。

A～G同为超高目。这样一手应该说是对战斗力有自信的棋手的战法吧。

图2（特殊的下法）

图2 完全重视势力的五五

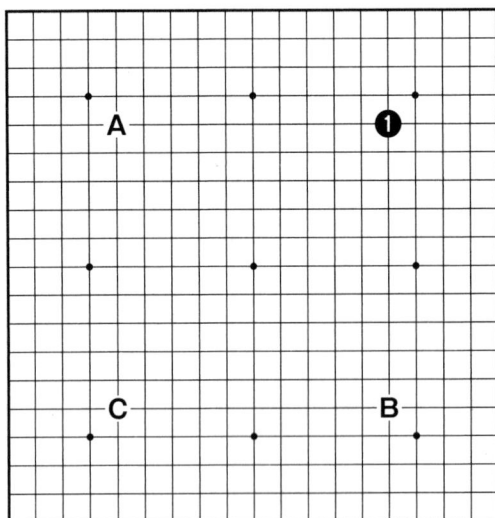

黑1叫"**五五**"。这也是极端重视势力的下法，其弱点是围角上的地比较困难。山下敬吾九段年少时，在棋圣战中曾频频尝试此着。

7 六路线以上、初手天元

图1 难以运用自如

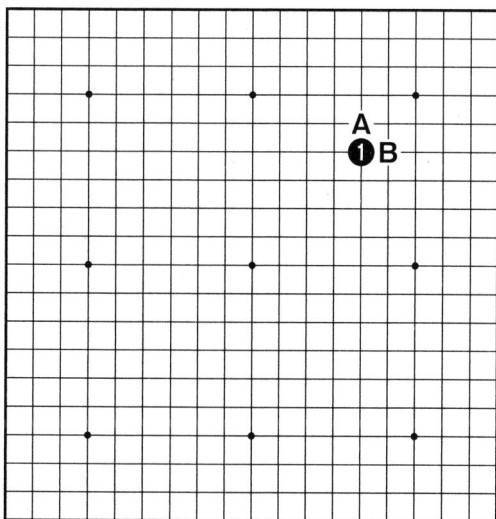

图1（不坏，但一般不考虑这么下）

黑1及A、B等处并没有什么特别称呼。或许会用六六、五六之类来表达，不过均非正式命名。要运用自如很难，但并不是说这样一手不好。

图2（初手天元）

黑1叫"天元"。即便此处什么都没有，棋盘中央的星还是称为天元，因此我们把下出黑1叫作"**初手天元**"。山下敬吾九段在天元战中曾有过这样的尝试。

图2 初手天元

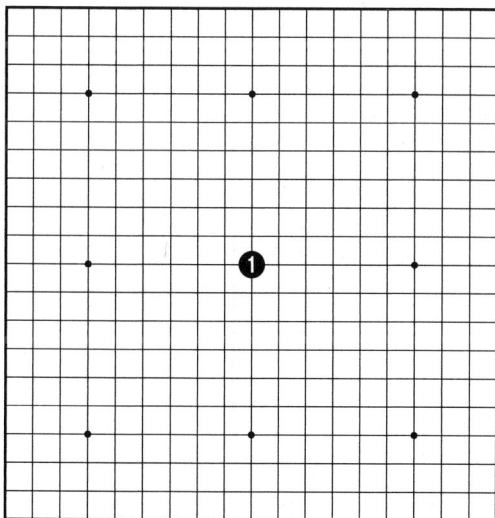

8 二线为败线

图1 一路线和二路线效率差

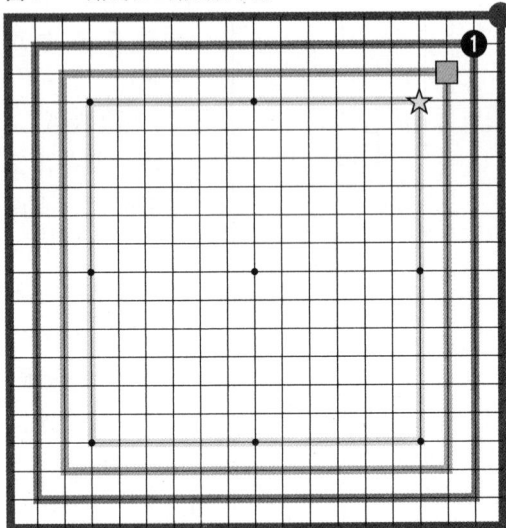

图2 序盘中注意避免二路爬

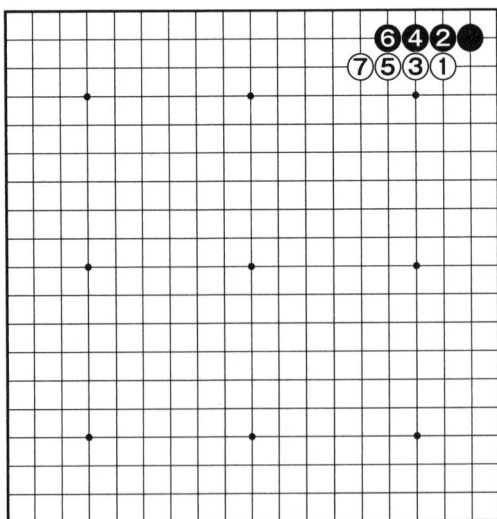

图1（序盘的基础是三路线与四路线）

如黑1位，以●标出，从棋盘边缘数起的第二条线称为"二路线"。●叫"一路线"，▢叫"三路线"，☆叫"四路线"。自序盘开始就下在一路线或二路线是不好的。

图2（序盘中的二路线效率差）

随后被白1之类手段压迫，黑方即便下2、4、6诸着，黑地也不会怎么增加，白棋的势力倒增强了。效率之差以至有"二线为败线"的格言。

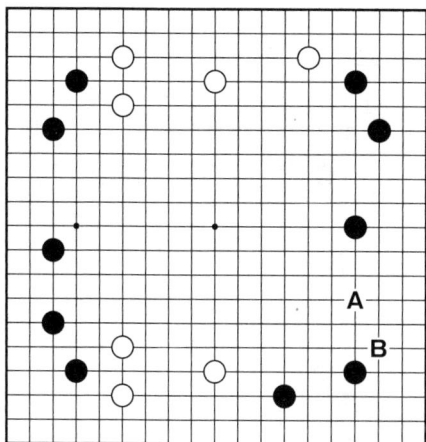

问题 3

● 黑先

这是一局让四子棋。要守住右下角的话，A 位和 B 位黑方下哪一处比较好？

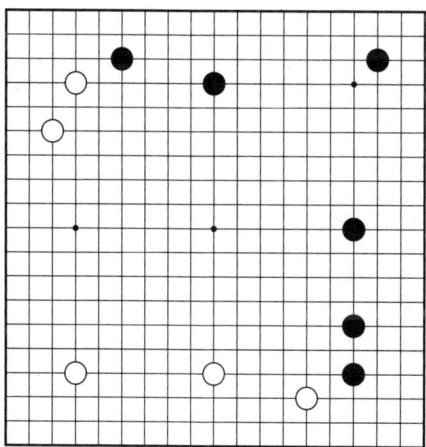

问题 4

○ 白先

右上角的黑棋模样让人在意。请踩三三的痛脚。

图 1　黑 1 有防守的好形

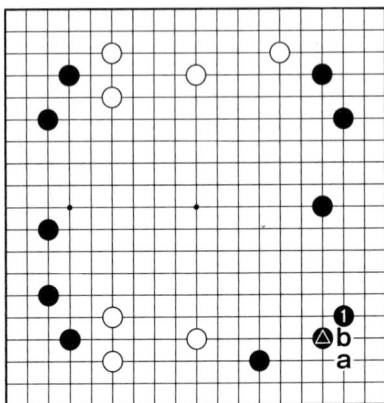

图 1（答案）

　　⬨（星）的弱点是 a 位三三。由此，下黑 1（B 位）防住 a 位三三并加固角上黑地会是好形。有黑 1 却还是担心白 a 的话，以黑 b 防守也可以。

图 2（失败）

　　下黑 1（A 位）的话被白 2 点入三三正中星位软肋。行至 14 白方掏角，黑棋虽得外势，黑 1 却成了效用**贫乏**的一子。像黑棋这样的状态称为"**凝形**"。

图 2　黑棋为凝形

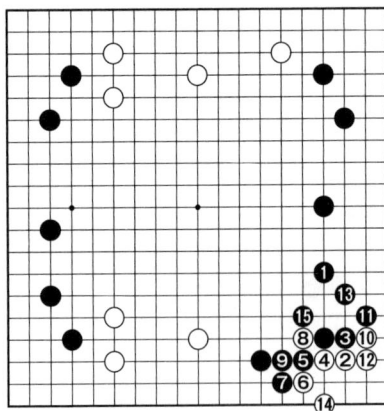

图 1　不适于发展模样的三三

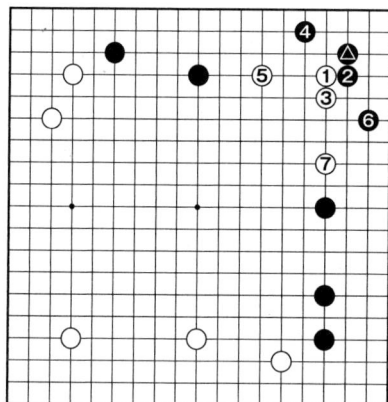

图 2　没能抓住三三的弱点

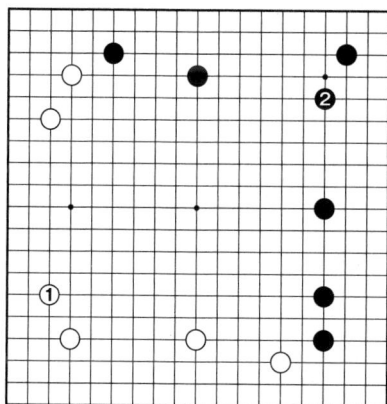

图 1（答案）

白 1 的肩冲是 ▲（三三）的痛处。白 7 为止是照搬定式的发展，右上黑棋模样的扩张不再有。▲位三三宜于巩固实利，却不适合发展模样。

图 2（参考）

白 1 位是大场。然而，一旦被黑 2 摆好阵势，右上的黑棋模样便不会像答案图那样简单就能**侵消**了。这样就放跑了踩黑棋三三痛脚的机会。

9 守角

图1 守角的种类

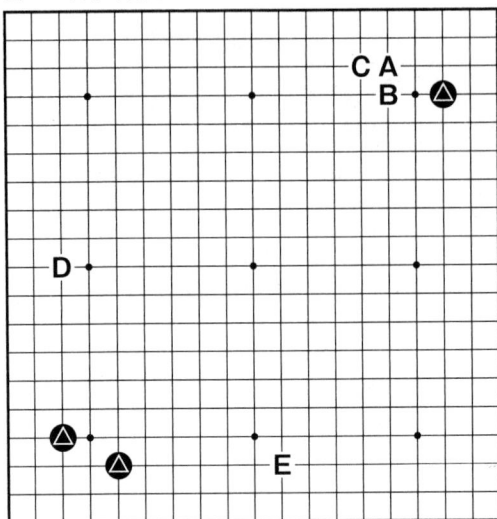

图1（守角的
种类）

右上角⚫的小目之后，再用一手"**守角**"会是好棋形。若下右上黑A就叫作"**小飞守角**"，B的话叫"**单关守角**"，C的话就是"**大飞守角**"。

守角在持续确保角上实利的同时，辐射向边上的势力也很强，是好形。但由于在角上用去了两手，向边的展开相应地也比星位占角要慢。此外，也会有因"**挂角**"而使守角受到妨碍的情况。

A～C全都是基本的守角，不过初学期间推荐使用A位的小飞守角。B、C虽也各有特征，成为有段者之后再区分使用也是来得及的。

左下角的⚫是小飞守角。从这个朝向的守角来看，D位所在的左边就成了"**守角的背部**"，而E位的方向被称为守角的"**剑尖**"。虽说根据情况和思路会有所不同，但一般来看守角的背部被认为价值更高。所以请记住，本图黑棋较之E位，先下D位的拆边会更大。

围棋有"**第一步占角，第二步守角、挂角**"的格言。由空角起步下出守角，这是古来传承的布局的基础。

10 一间高挂

图1　一间高挂是推荐下法

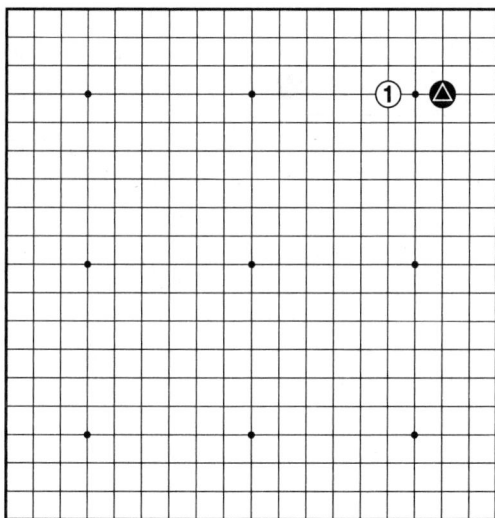

图1（挂角）

　　妨碍守角的"**挂角**"也是价值很大的着法。针对 ▲，白1做的是"**一间高挂**"。

图2（简明的一间高挂）

　　因为一间高挂简明而便于安排战斗，特别要推荐给入段前的棋手使用。应黑1的"**夹击**"，白棋2、4就能迅捷地进发至中腹。

图2　简明的定式

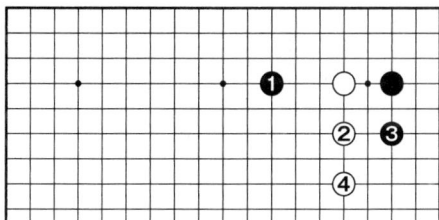

图3（争地上稍稍吃亏）

　　而相应地，一旦被黑棋应以1、3之类的下法，角上的实利就让对方给轻易确保了下来。

图3　角上吃亏

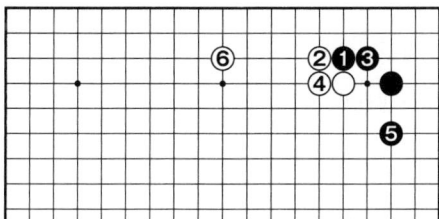

11 小飞挂

图1 小飞挂变化多

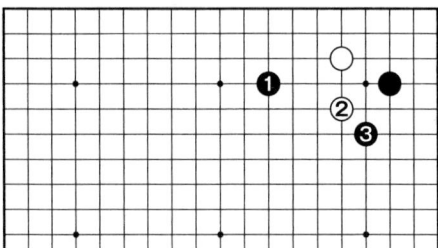

图1 小飞挂变化多

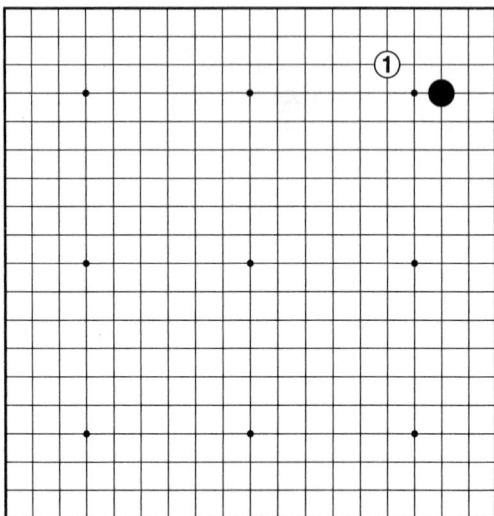

图2 转为势均力敌的发展

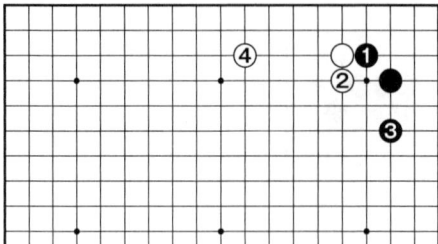

图3 黑棋不满

图1（复杂的小飞挂）

白1叫"小飞挂"。它是比一间高挂更重视实利的下法，容易发展出复杂的变化。

图2（若说向中腹的发展，则稍为缓慢）

应黑1夹击，白2虽能做到进往中腹，但比起一间高挂还是步调慢些，因而给了黑棋3位相争的余地。

图3（重视实利）

相对的，黑1、3位加固角上地盘则黑棋有部分不满，可见小飞挂不易将角上的地拱手让人。

26

图1 少变化的大飞挂

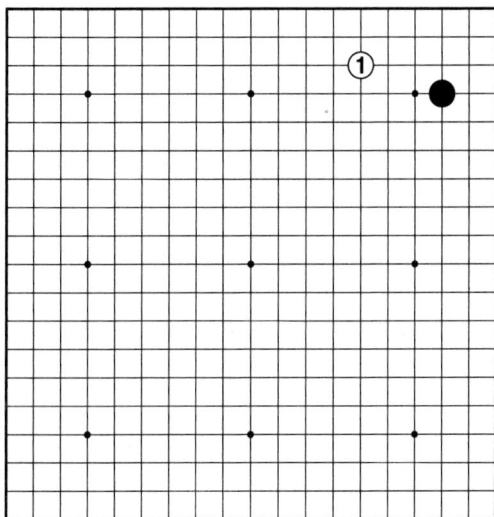

图2 安定感超群的拆二

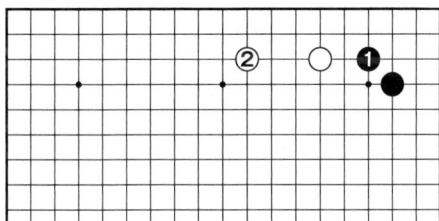

图3 不致开战

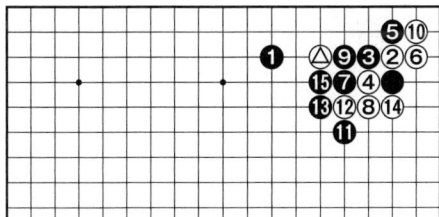

图1（更形简明的大飞挂）

白1叫"**大飞挂**"。追求简明的变化时这一着很有力。

图2（对规避战斗有效）

黑1后角上的地简单就让给了黑方，不过白棋2位可用"**三线拆二**"弥补。左上有黑棋势力时经常这么下。

图3（腾挪的定式）

黑棋1位夹击，则自白2托开始舍弃△来进行的"**腾挪**"是定式。果然最后还是不会发展成战斗。

13 对星的挂角

图1 对星挂角的方式

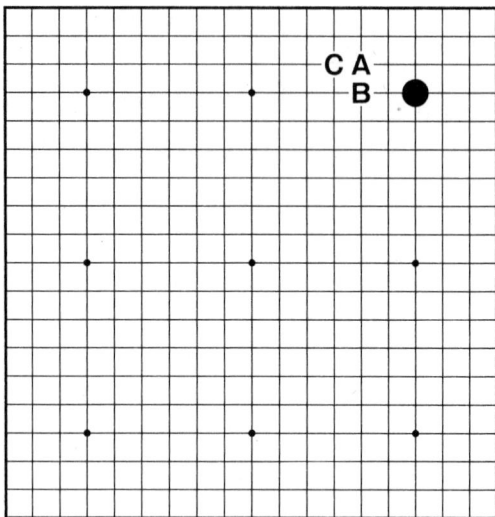

图1（对星的挂角）

虽然针对星也存在挂角，不过基本上还是对小目的挂角优先。并且就星位而言，A位挂角占了绝大多数，B位则是特殊情况下极偶尔会用到。C位通常是不考虑去下的。

图2 平稳的定式

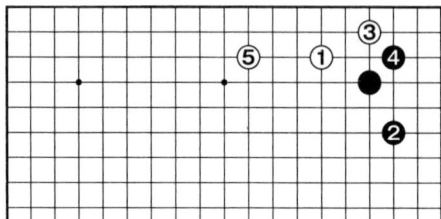

图2（星定式一例）

对白1挂角，黑棋2位应的话，至白5是平稳的定式。

图3 实利与厚势平分秋色

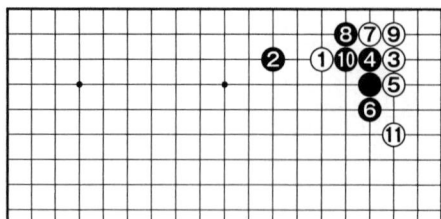

图3（星定式一例）

应白1，黑棋若下在2位，自白3点三三起，有定式可以下成角上实利与上边势力的**转换**。

○白先

　　黑 1、3 准备要
走中国流的布局。白
方为了牵制中国流，
占角要下 A～C 中
哪个位置？

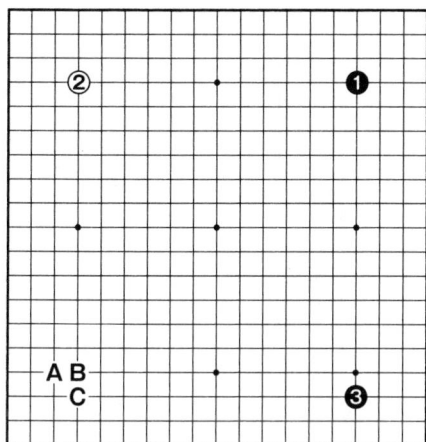

问题 6

●黑先

　　黑 1 位、白 2 位
时，黑 3 位是双方小
目相向的下法。白 4
之后，黑 3 的意图在
于接下来下在哪里？

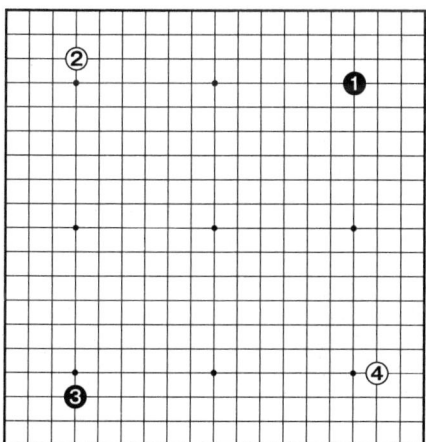

图 1　对中国流要以守角牵制

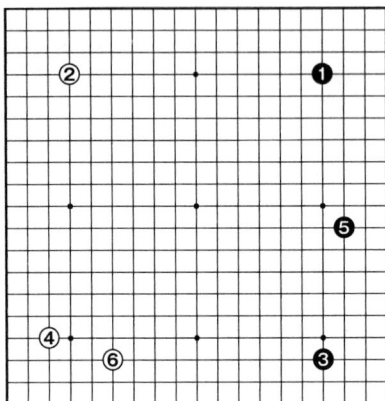

图 2　小林流布局

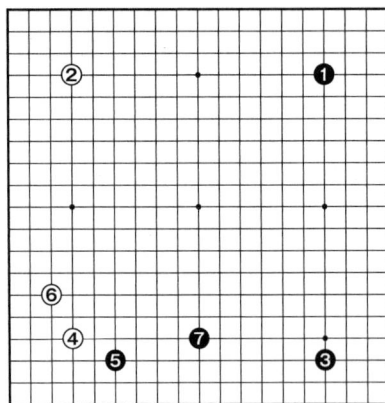

图 1（答案）

黑 1、3、5 叫"**中国流**"，它于右边建起势力意图掌握主导权，是有力的战法。白 4（A 位）则是牵制中国流的小目。行白 6 将守角的剑尖指向中国流一边，从而能降低中国流的价值。

图 2（参考）

白 4（B 位）星的话，黑方还可以选择黑 5、7，走一种叫作"**小林流**"的布局。不过，问题 5 图中的白 A ～ C，无论哪一种都是出色的着法，没有优劣之分。

解答 6

图1 双方小目相向要抢先挂角

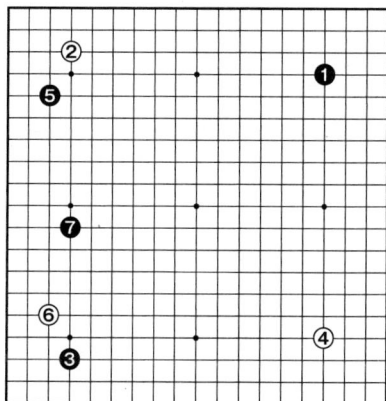

图2 秀策尖是坚实的一手

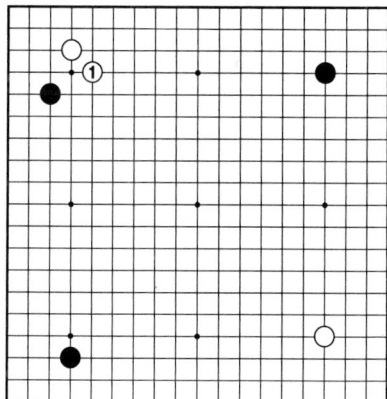

图1（答案）

黑3与白2形成**双方小目相向**。像这样的话，黑5先行挂角就成了很大的一手。这是由于一旦白棋6位还以挂角，黑7会是夹击、拆并举的好点位。

职业棋士多用黑5位的小飞挂。大家也请试试。

图2（参考）

由于现代有6目半的贴目，白方为避免早早开战，常会下白1位的"秀策尖"。

◎更多围棋术语① 实际下棋时用到的术语①

【对局】

即下棋。职业官方赛事的对局，有时也会称作"**手合**"。

【棋份】

指对局时的条件。双方棋力相近的话就是"**互先**"，存在实力差而要给弱势一方增加竞争筹码的情形，则会是"**让先**"又或者"**让子棋**"。让先的棋份下，其中一方始终执黑，不贴目。让子棋让两子到九子较为普遍，让九子的情形又叫作"**圣目**"。此外，下让子棋时一开始置下的黑子叫作"**让子**"。

虽说最近基本不再使用了，不过过去因为和同一对手连续对弈的情况很多，还会用到"**先相先**""**先二**"之类划分得更细的棋份。那是"三局中下一组互先""让两子与定先交替着下"之类有更详尽规定的双方对局条件。

【猜先】

互先时决定谁执黑谁执白的方法。一般来说由对局者中年长的一方抓取若干枚白子，另一方回答棋子数目是奇数还是偶数，猜中的话就执黑。

职业棋士的对局大都是淘汰赛，因而会采用猜先来决定执黑执白。不过与同一对手要下好几局棋的挑战手合之中，则是交替执黑。

【贴目】

通过目数进行调整从而平衡对局双方竞争力的手段。互先时，执先行的黑子要更有利，因而为使对决公平，黑方要相应于白方而背负一些不利条件。现今，我们所说的贴目被定为了"**六目半**"（编注：指日本、韩国采用的规则）。

要有这个"半"是为了不产生和棋。贴目的目数依时代和国家而不同。日本也有过贴"五目半""四目半"的时代。

○白先

　　白棋 A 位 和 B 位的拆边，哪一处价值比较大？

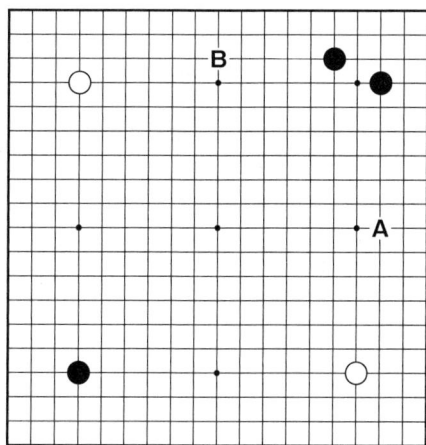

○白先

　　以平稳的布局为目标时，白棋会选 A、B 位中哪一处挂角？

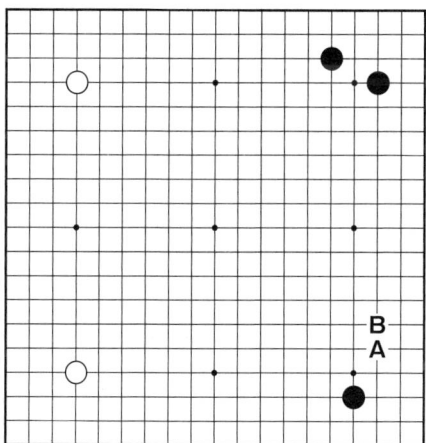

图 1　优先拆守角的背部

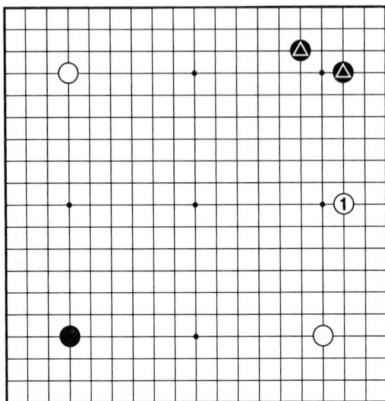

图 1（答案）

　　该布局的关键点在于●的**小飞守角**。作为守角背部，右边的价值较大，因此白 1（A 位）的拆边是正确选择。此处反过来被黑方开拆的话，右边会很容易形成黑棋的大模样。

图 2　守角的背部与剑尖

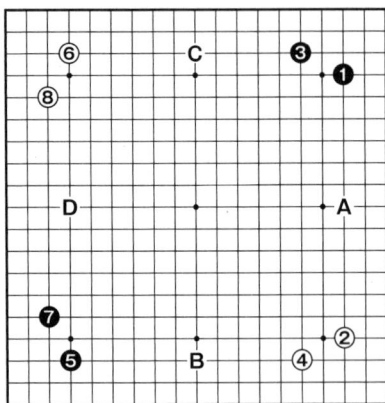

图 2（参考）

　　举例来说，在这样的布局下，双方守角背部相依的 A 位会是最大的拆边。次之的是 B 位和 C 位。双方剑尖相向的 D 位上的拆边，价值最小。

图1　以大飞挂牵制守角

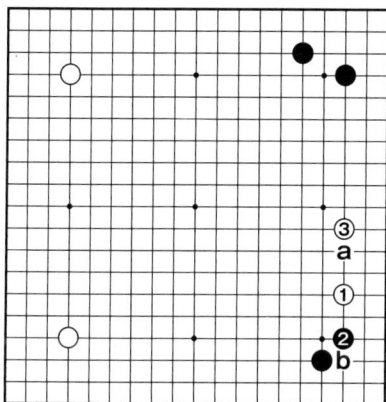

图1（答案）

　　要是追求平稳的布局，就会选择白1（B位）的**大飞挂**。应黑2的尖，白3拆边后局面安定。再者若黑2改a位夹击，白棋借b位托可以做到腾挪。

图2　白方的下法导向复杂的布局

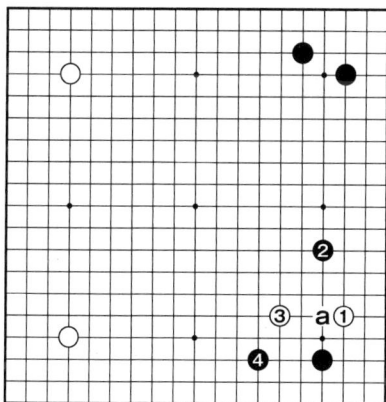

图2（参考）

　　白1位的挂角并不是说不好，只不过黑2是守角背部开拆与夹击兼具的好点位。图1的大飞挂，抑或白a的**一间高挂**会较为简明。

14 拆

图1　向边展开的思路

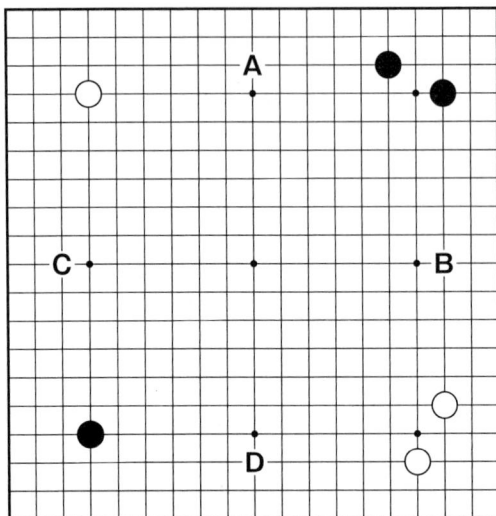

图2　拆与挂角是两回事

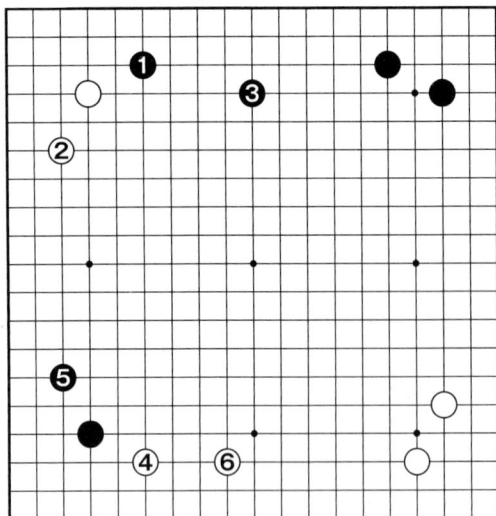

图1（向边的展开）

这里是双方以小飞守角和星分占空角的布局。角决定了归属则接下来该在边上发展，下在A～D等处叫作"**拆**"。该图盘面看来，守角背部的B、D等处价值较大。

图2（拆与挂角）

黑棋进至1位的着法并非拆边，而是对左上角白子的**挂角**。白2应，黑3则是拆。同理，下边白4为挂角而白6为拆边。

15 逼

图 1　拆与逼的思路

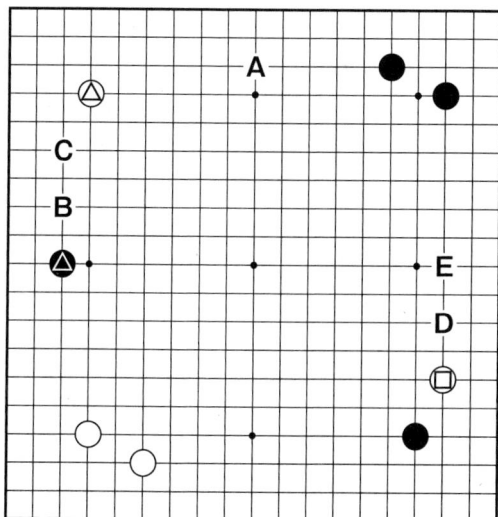

图 1（拆与逼）

盘面上，黑 A 是自右上角向上边展开的拆边。

白 B 从△的角度看来向左边展开，也是拆。不过在该图局面中，对△进行压迫的要素比较重，因而称为"**逼**"。

黑 C 虽然也可以叫作拆，但毕竟压迫白△的意思比较强，因此这一手一般还是称作挂角。

此外黑 D 看起来是对右下▢的逼。不过这个情况下，它同角上黑子形成了包抄，更加严厉地夺取了▢的根据，因此黑 D 要看成是夹击。

假如下黑 D 的人不考虑攻击▢而只想在右边围地，黑 D 就会是拆。但话说回来要是拆边，D 位离▢太近，因此还是落脚到 E 位前后会比较好。

像这样，围棋术语蕴有将自己行棋的意图明确化的意义。试着以术语来考虑着法，从而开始意识到自己是出于怎样的意图才行棋于此的话，对弈就不再是漠然地落子。这与涨棋也息息相关。

15 逼

图2 逼迫要隔一路

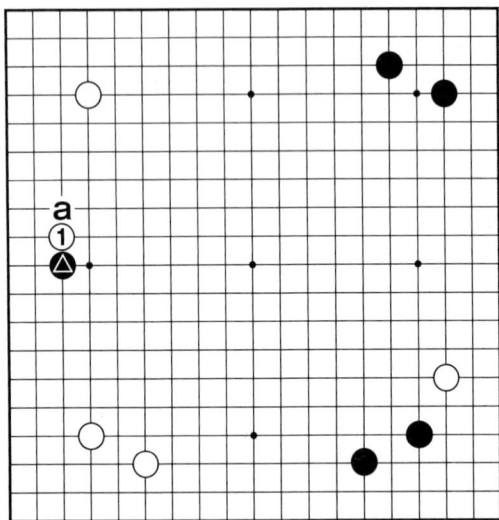

图3 黑棋变强

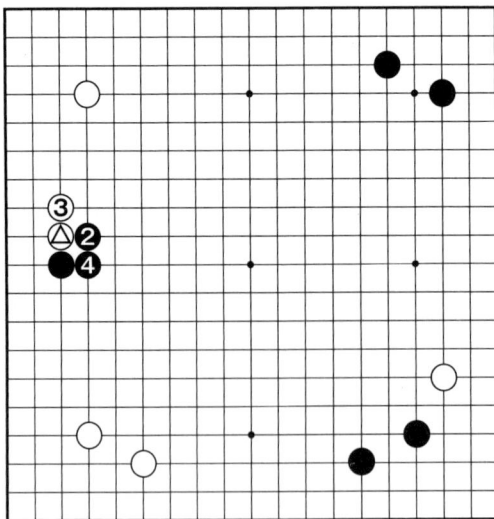

白1下a位的话则是对▲的逼。本图白1叫"**靠**"。序盘中，即便是要压迫对方棋子的时候，像白a这样隔开一路行棋也是基本准则。本图白1的靠是恶手。

图3（不必要地加固了黑棋）

随后被黑2扳，应白3的"**退**"再有黑4的"**连接**"，结果左边的黑棋变强了。序盘中靠要能显出效果，得是己方棋子比较薄弱，又或者是准备将对方逼成凝形的时候。

38

图1　留出拆二的余地

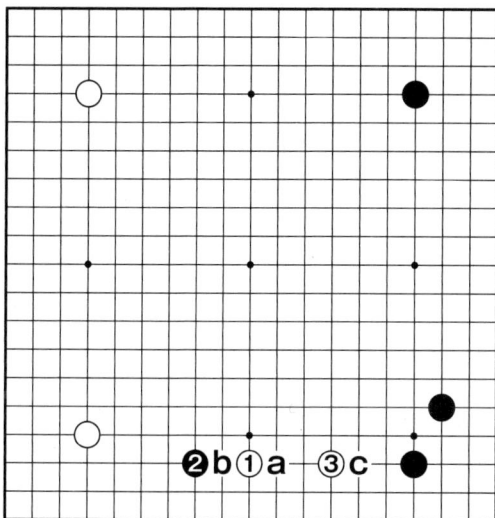

图1（留出二间的余地）

　　拆下边的时候，白棋1位或者a位就不错。这是由于被黑2反击之时，白3能有行"**拆二**"的余地。白a亦然，对黑b，白棋可以c位拆二。

图2　幅度太窄的拆边

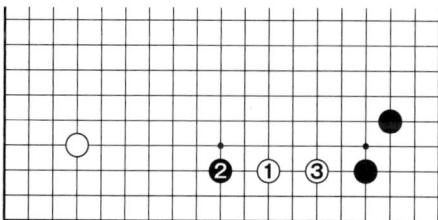

图2（拆一逼仄）

　　白棋进至1位拆边的话被黑棋2位打入，白3"**拆一**"之外别无他法，因此并不安定。

图3　先手，却与对方扩张幅度相同

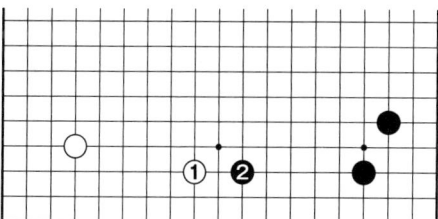

图3（扩张幅度一样大则不满）

　　白棋1位则被黑棋拆到2位，双方扩张幅度相同。

图4 拆二保有联络

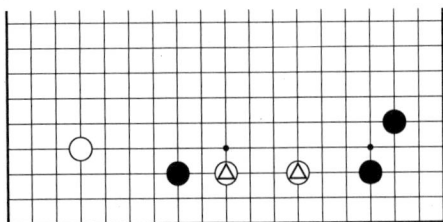

图5 黑棋意图分断

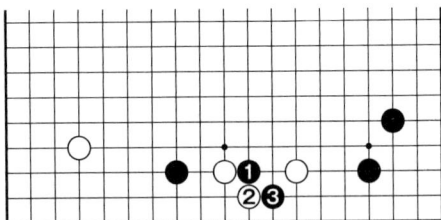

图6 白棋安全保持联络

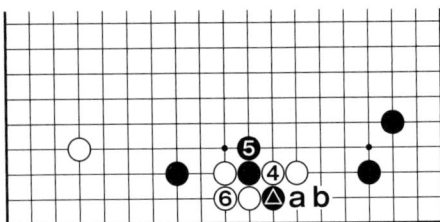

图7 打入强劲!

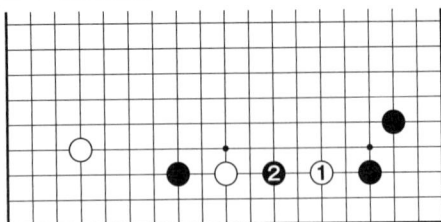

图4（拆二）

△的拆二其特长是，在此状态下△的联络是完全有效的。

图5（黑1、3无效）

黑棋即便行1、3试图分断……

图6（白棋保有联络）

白棋也能4、6杀△保持联络。接下来应黑a以白b，△无法逃生。

图7（三间稍薄）

对白1的拆三，黑棋有2位打入的对策。

图 1　黑棋要如何插入下边?

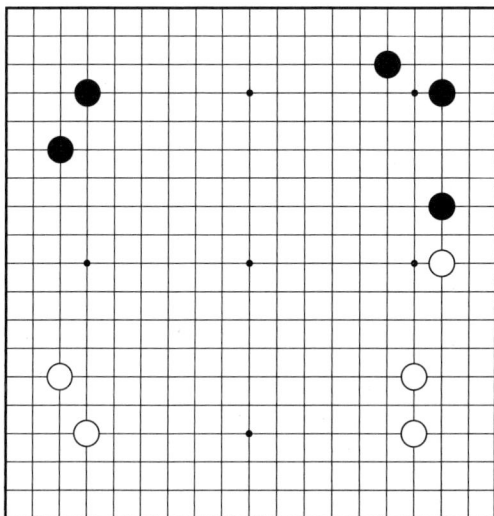

图1（插入到白棋模样中的方法）

　　角与右边已下完，左边余地狭小，走上边还是下边是个问题。选择下边的话黑棋要怎么下呢?

图 2　拆二安定

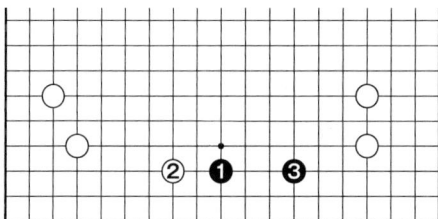

图2（安全的分投）

　　黑1叫作"**分投**"。白棋2位则黑棋可以3位进行拆二。

图 3　拆二见合

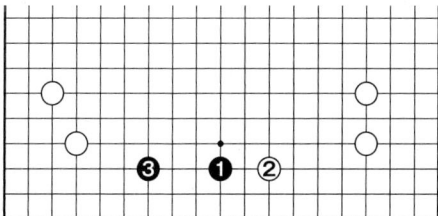

图3（拆二走成见合）

　　白方下该图2位则黑3在另外这边拆二。正如黑1促成左右拆二"**见合**"所显示的，分投是安全进入对方势力圈的办法。

17 分投

图4 过于偏左侧

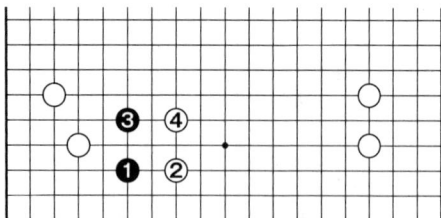

图5 过于偏右侧

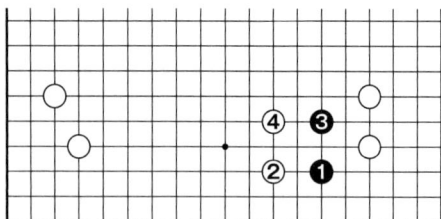

图6 分投的位置

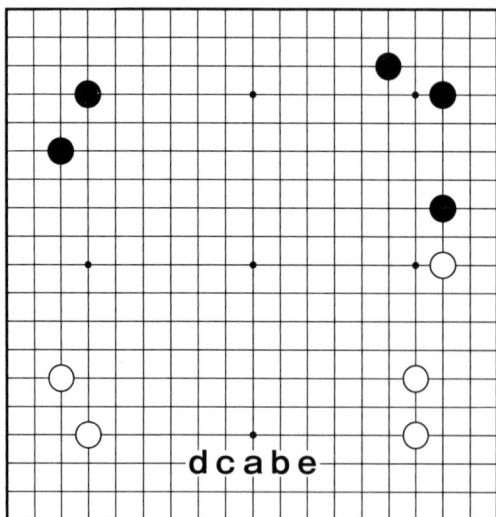

图4（过偏）

黑方1位过于靠近左侧行棋的话,将遭到白2、4的苛烈进攻。

图5（遭攻击）

该图黑1太靠近右侧也会是一样的结果,遭白2、4猛攻,果然还是行不通。

图6（分投的落点）

黑 a 而外,行 b 位或 c 位也可说是分投。d 位、e 位在空间较窄的一侧只有拆一的余裕,因此作为分投落点并不恰当。

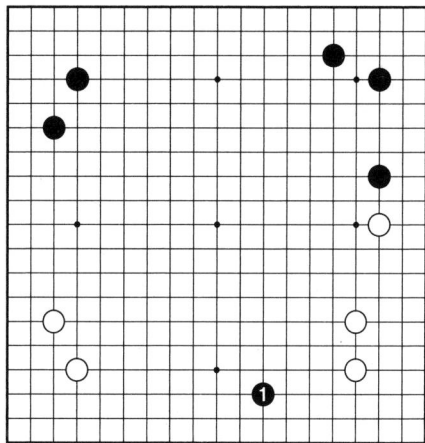

问题 9

○白先

　　黑棋 1 位分投进来。白方要从左边还是右边逼？

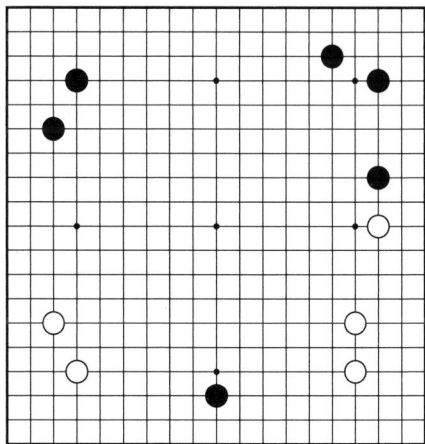

问题 10

○白先

　　接下来，若由白方分投至上边，下在何处比较好？

图 1　黑棋根据地狭小

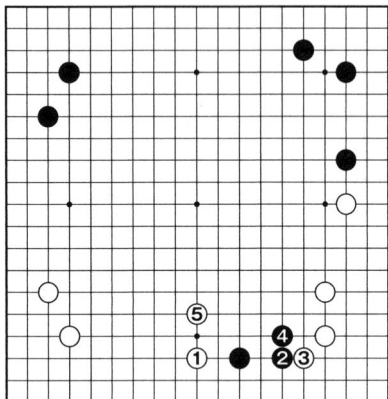

图 1（答案）

白棋 1 位从空间较大一侧逼是正确选择。黑 2 的拆一作为**根据**不够坚实。

图 2（黑 2 不算拆二）

应白 1，黑棋下 2 位虽然隔出了两路，但由于过分接近△，这样行不通。让白 3 把角加固之后，再应黑 4 下白 5，黑棋**气紧**。

图 2　靠△太近

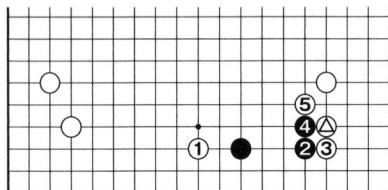

图 3（失败）

白棋 1 位从空间小的一边逼，结果黑 2 的拆二即可**简单安定**。

图 3　黑棋得以安定

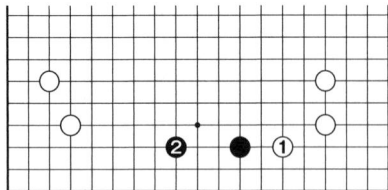

图 1　分投要奔着拆二见合

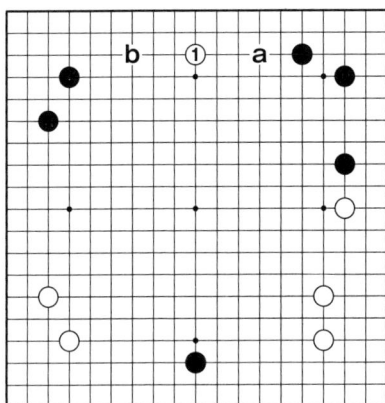

图 2　左右成见合

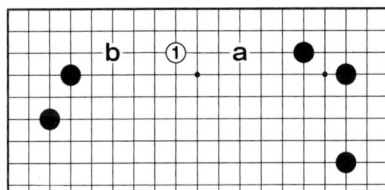

图 3　白 1 是打入

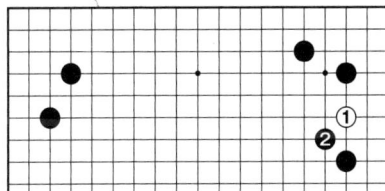

图 1（答案 1）

白 1 是正确答案。此着可将随后 a 位或 b 位的拆二变成见合。

图 2（答案 2）

本图的白 1 感觉也不错。结果还是白棋 a 位和 b 位见合。

图 3（失败）

白 1 下在了没有拆边余地的狭小区域，这样实际就成了打入。图示情形下，此举大概会受黑 2 攻击而成为恶手。序盘时就朝着空旷的地方进发吧。

◎更多围棋术语② 实际下棋时用到的术语②

【限时】

指官方赛事等棋战中，棋士进行对局时所分配到的时间。如果是"限时3小时"，对局者双方会分别分配到3小时的思考时间。因此各自将限时全部用完的话，结果会花去6小时。

【读秒】

职业棋士的对局，限时用完也不会直接"**超时负**"，而是附设有"**读秒**"。这具体规定为"在规定的时间内下出一手，则不会消耗限时"。规定的时间以60秒或30秒为主流。

此外还有"**加拿大计时**"这种规定"5分钟以内下出25手"的读秒方式。

【落子】

指对局中将棋子下在盘面上。

【悔棋】

已经下出的棋子，之后又提起重下的行为。且不说悔棋是违规的，会即时判负，在礼仪上那也是最低劣的行为。落子的位置决定好之后再去执棋，这点得记在心上。

【滑冰】

已经将棋子放置在棋盘上，手离开前却又把棋子提起的行为。虽然说这姑且不被看作是犯规，但却毫无疑问是十分不礼貌的行为。其严重性达到了被拿来和悔棋放在一起明令严禁的程度。

【长考】

指在一手上用很长的时间进行思考。几分钟以上叫长考并没有特别规定出来。日常的对局中，过度的长考有时也会违反礼仪规矩，请予以注意。

●黑先

图示是黑棋遭白1逼的局面。黑方下一手该下的是不能错过的一处。

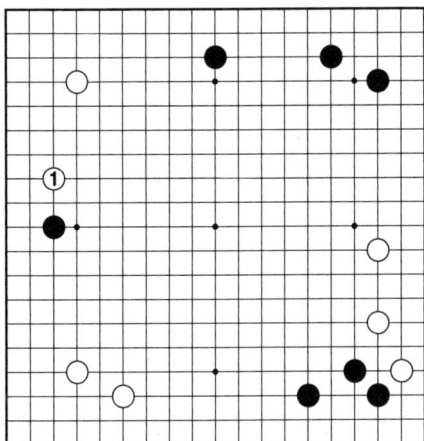

●黑先

黑7应白6的分投行逼之时，白棋8位回应。黑方下一手该下在A位还是B位？

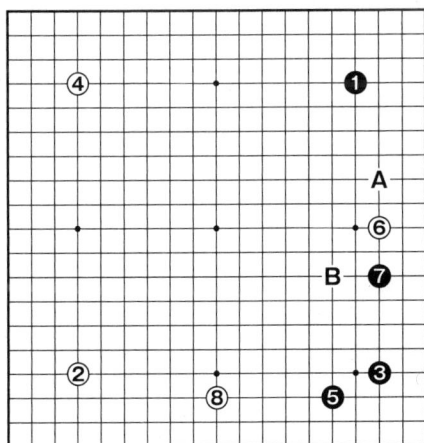

图 1　黑 1 是最为关键的急所

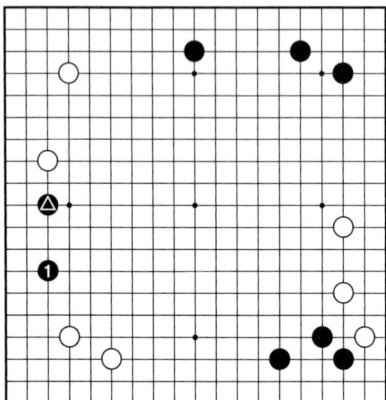

图 2　不应让▲遭攻击

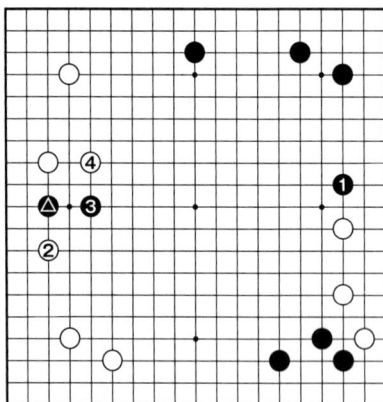

图 1（答案）

黑棋以 1 位的拆二护住▲。左边虽在白棋的势力范围内，黑棋下过拆二的话就不会有受白方攻击的担忧。黑 1 这样的一手被称作"**急所**"，是十分关键的点。

图 2（失败）

黑棋以 1 位拆边（此着因压迫到右下的白棋，也可以说是逼）增加右边上的地，这确是"**大场**"，但结果让白 2 行逼攻击了▲一子。

图 1　搜根白△

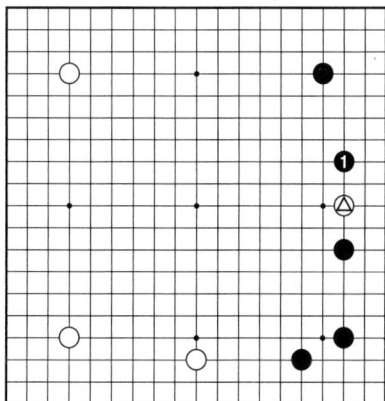

图 2　白棋拆二安定

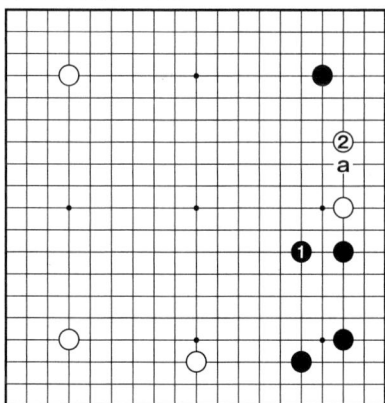

图 1（答案）

由于白方放着△没管，正好以黑 1（A 位）逼进攻△进行搜根。职业棋士的手法中也有故意让对方下出黑 1 从而舍弃△的高等技巧，不过一般来说下 1 位黑棋满足。

图 2（失败）

黑 1（B 位）一间跳则给白方留下 2 位拆二的余地，因而并未形成对白棋的攻击。另外，向中腹走出的黑 1 叫作跳而白 2 叫作拆。白 2 要是下 a 位则是拆一。

◎更多围棋术语③ 实际下棋时用到的术语③

【终局】

即对局结束。

【认输】

指对局途中已背负同对手的较大差距，承认没有逆转的余地从而对失败进行宣告。像这样分出胜负的对局，其结果称作**"中盘胜"**。

【下完】

指在双方皆未认输的状态下迎来对局终末。下完的情况要计算双方地盘，占地大的一方得胜。

无论差距有多少目，只要不认输就要下完。不过电视转播之类的解说中提到"看来会下完"，则是表示双方形势接近。

【贴目胜负】

下完的情形，黑地如果比白地多1目就是"黑方（以1目之差）取胜"。然而互先带贴目的条件下，看盘面就算是黑胜1目，也会由于黑方必须贴6目半相抵，结果变成白方以5目半之差取胜。

像这样胜负取决于贴目的情况，称为**"贴目胜负"**。

【整地】

下完的棋局，就这样进行点目虽然也会知道结果，但容易发生计算错误，还费时费力。

紧气，补棋，取走死子，回填提子和死子，然后将对手的地整理成易于点目的形状，这一连串的程序称为**"整地"**。

【和棋】

无贴目的棋，双方的地目数相同的情形称为**"和棋"**。视作平手又或者白方胜的情况相对要多。

第2章 攻守

1 攻击

图 1　搜根⚪来攻击

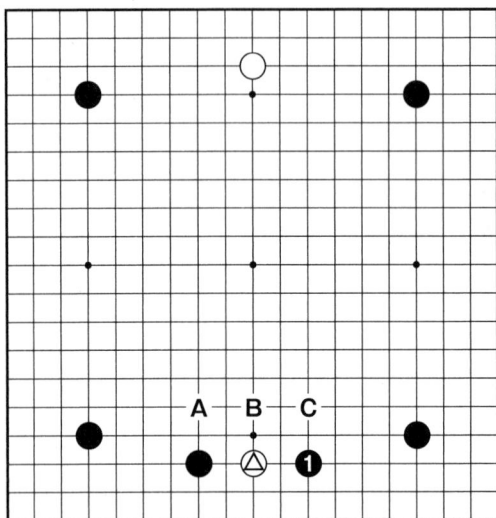

图 2　攻击的同时在左下与右边得利

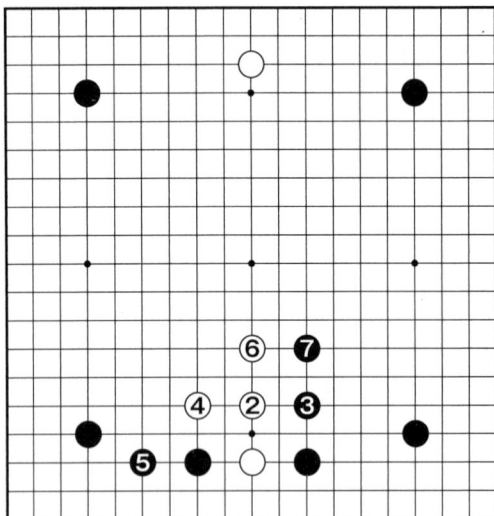

图 1（搜根是好着）

　　黑 1 逼则⚪一子丧失"**根据（做眼的位置）**"，⚪由是成了弱子。白棋持续脱先的话，黑棋得以 A、B、C 位实施封锁，这样可以吃掉⚪做出广大的黑地。

图 2（以进攻来高效率地扩大地盘）

　　白 2 逃，则黑 3 至 7 追击。棋是双方交替着下，因而尚不至于能吃掉白棋。不过黑方却得以用黑 3、7 高效地扩展右边势力，并用黑 5 巩固了下边。这便是"**攻击**"。

●黑先

　　要攻击右边白子的话，黑方应当下 A 位、B 位中的哪一处呢？

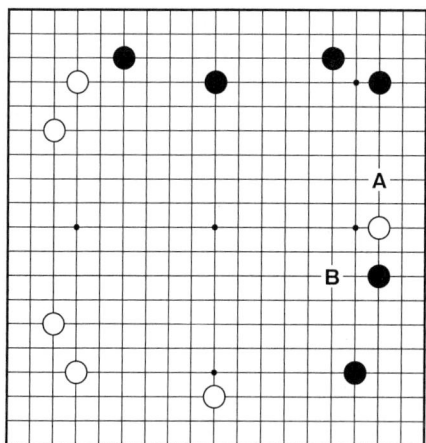

●黑先

　　盘上黑棋正进攻右边的白子。黑棋要得益，攻击的方向会是 A 还是 B？

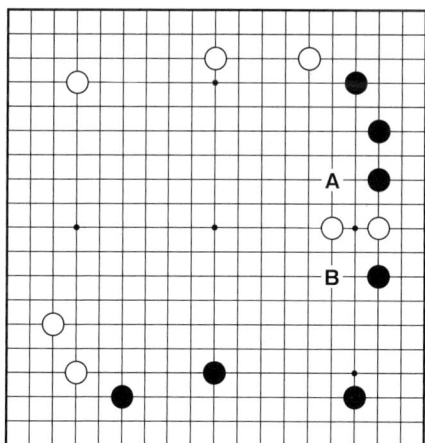

图 1　攻击的同时扩大黑棋模样

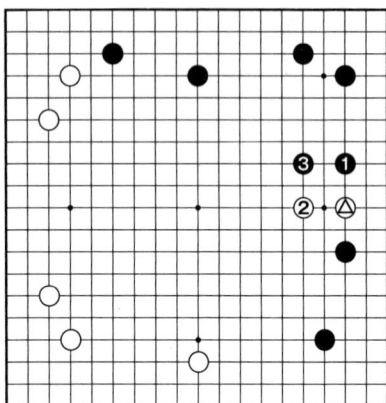

图 1（答案）

　　首先，"**搜根**"⊘乃是进攻的开端。黑1（A位）以逼压迫⊘。白棋若2位逃，黑方3位攻击⊘的同时能扩展上边的黑棋模样。

图 2　白棋安定下来

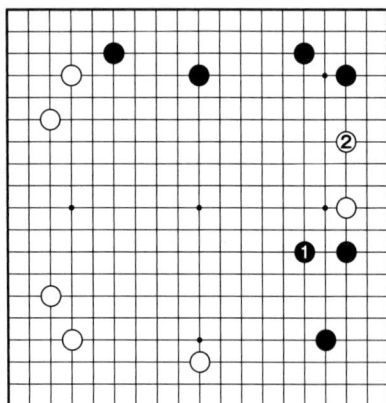

图 2（失败）

　　下黑1（B位）的话，会让白2的拆二在右边造出根据。白棋因为有做眼的空间，便不会有图1那样低效率的逃子手段了。

图 1　黑棋好势头

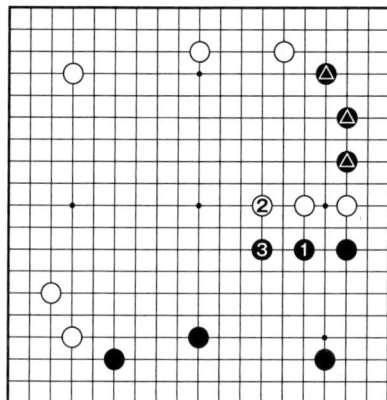

图 2　进攻的方向不好

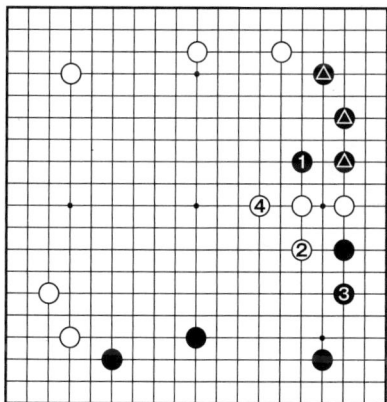

图 1（答案）

　　黑 1（B 位）的"**跳**"是正确答案。应白 2，下边的黑棋模样借 3 位跳自然就变大了。右上即便让白棋跳到了 2 位，也因 ▲ 坚实而无须担心。

图 2（失败）

　　就算下黑 1（A 位）也会因 ▲ 空间狭小而不见效果。白方行 2、4 位补强弱子的同时，下边的黑棋模样遭到了限制。黑 1 弄错了进攻的方向。

2 打入

图1 拆四

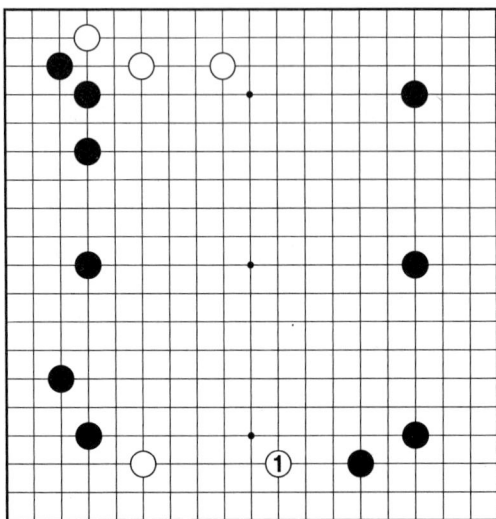

图2 打入

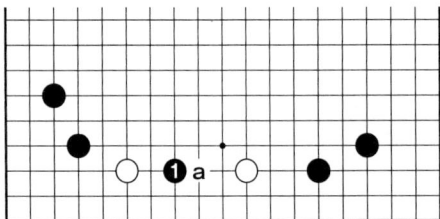

图3 向着中腹冲出后展开进攻

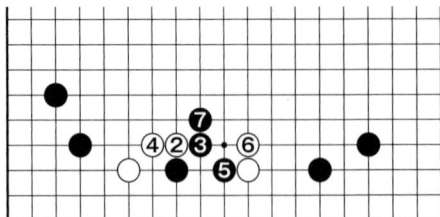

图1（比较开的拆边）

白1叫作"拆四"。因为距离比拆二拉得还开，从黑方角度而言打入便得以成立。

图2（打入）

像黑1或a这样插入到白棋拆边形状之中的着法，称为"打入"。

图3（朝中腹冲出）

即便发展成眼看要被白2之类的着法封锁的局面，只要行黑3至7最终朝中腹冲出，便可展开对左右白棋的进攻。

3 缠绕攻击

图1 强烈的缠绕攻击

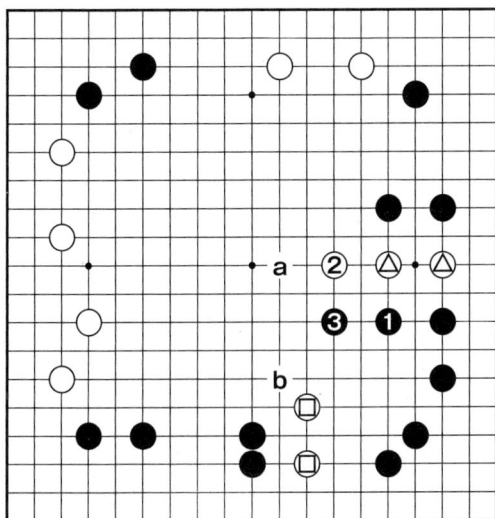

图1（缠绕攻击）

向对手的两处弱子同时进攻称为"**缠绕攻击**"，是种强力的攻击手段。黑棋1、3进攻△的两手，同时也在对◎施以打击。接下来白a的话，黑棋可以b位包围。

图2（对一处棋子的攻击）

本图的黑1、3由于下边白子保有根据而不能叫作缠绕攻击。有格言称"**单块弱子死不掉**"，本图白棋行2、4位简单就能逃向中腹。

图2 无法再攻击到白棋

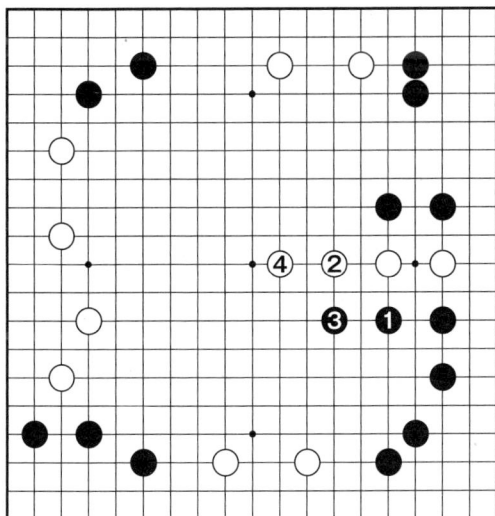

4 靠压攻击

图1 怎样攻击△?

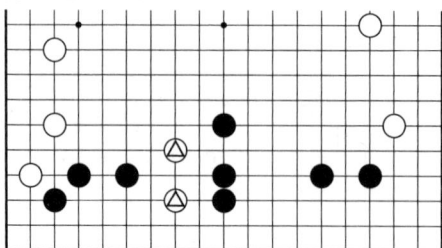

图2 靠压攻击

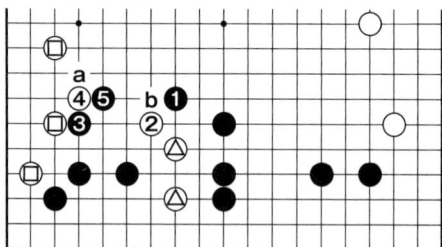

图3 黑方的丰厚战果

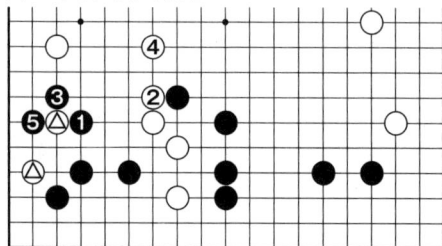

图4 对白棋隔靴搔痒的进攻方式

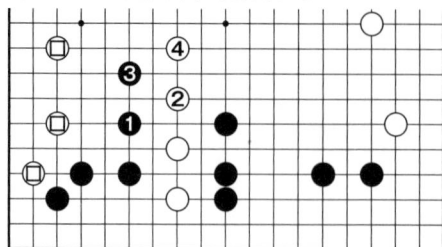

图1

　　黑棋正对△施以攻击。

图2

　　黑1攻白2逃，此时的黑3、5叫作**"靠压攻击"**。▢虽是有根据在的棋子，但黑棋3、5通过接触迫使白方回应，借此加重了对△的打击。接下来白方a位的话黑棋便可b位封锁下边的白棋。

图3

　　应黑1，白棋若2、4位逃则安全。但黑棋只要行3、5吞掉△便会获得丰厚战果。

图4

　　即便黑棋行1、3一心追击，也会因▢保有根据而无甚效果。

问题 3

● 黑先

在黑方而言，打入白阵的点位有 A 和 B 两处。哪一处更为严厉？

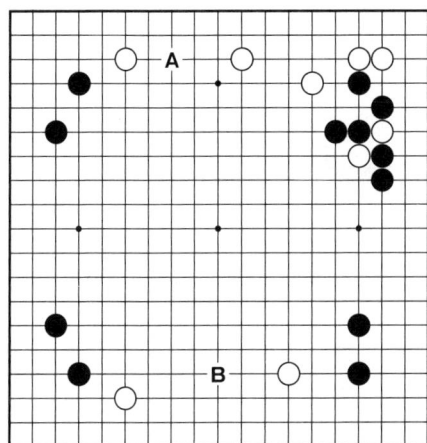

问题 4

● 黑先

黑方正迎来良机。您能看出白棋的弱点吗？

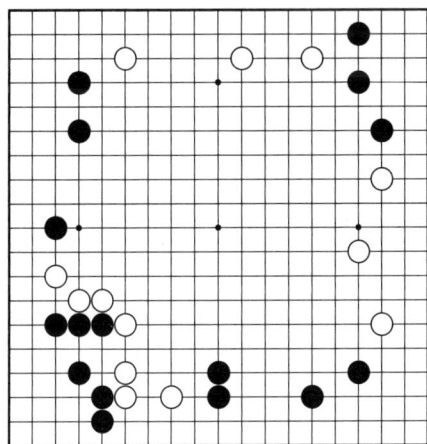

图1 对白棋缠绕攻击

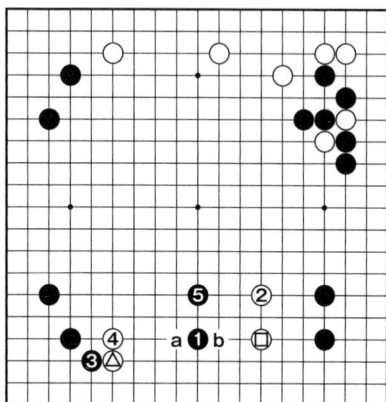

图1（答案）

这一局面下，若黑1（B位）打入下边分断○和□，便可对白棋进行缠绕攻击。黑1偏向左或右下在a位或b位也不要紧。分断白棋才是重要的。

图2 无效的打入

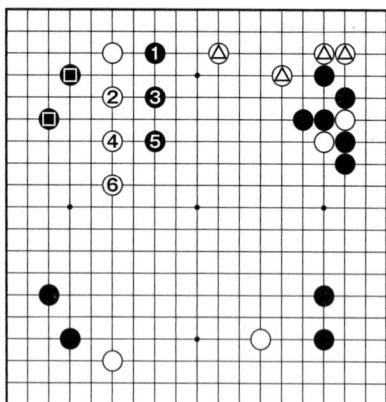

图2（失败）

黑1（A位）的打入会让白棋2、4位给逃掉。因右侧的○数子坚实，黑棋这边无甚进攻效果。不小心的话，角上■的根据倒好像要被威胁到了。

解答 4

图 1　严厉切断引出缠绕攻击

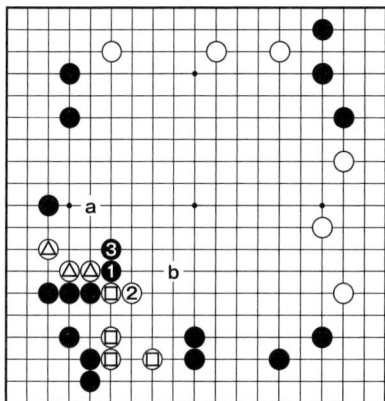

图 1（答案）

黑 1 是踩白棋痛脚的严厉的"**断**"，能够对⊘和▢做缠绕攻击。左边可以用黑 a 进行封锁，下边又有黑 b 飞封的手段，白方这个样子十分痛苦。

图 2（失败）

黑棋即便 1 位打入也只攻击得到⊘。白 2 立即 a 位守住是本手，不过假若有图中白 2 至 8 的发展，反而是上边黑棋成了将要受到攻击的情势。

图 2　黑棋反而将受攻击

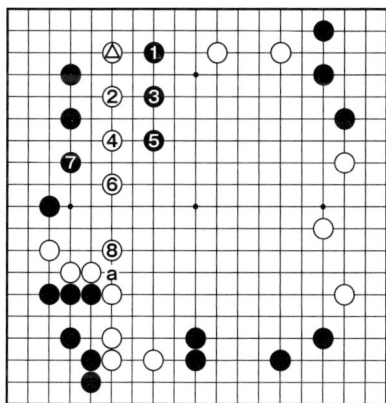

第 2 章　攻　守　　61

◎更多围棋术语④ 对局中的用语①

【布局】

"布局"这个词也被更一般化地用在其他一些场合。就围棋而言，它是指为了在盘上决定自己的势力范围而进行棋子的布置。"**序盘**"一词也有近似的含义。不过说到布局，往往包含有"序盘中较为初期的阶段"的意思。

布局有若干种战术。从**秀策流**、**三连星**、**中国流**、**迷你中国流**、**小林流**等有名称的，到无名但常用的，新兴的、古早的布局，现下流行的布局等，十分地多样化。

【见合】

指 A、B 两处之中，对方应对掉任何一处的话，自己可以走剩下另一处的状态。

从布局到终盘，制造两处见合的下法可以广泛地进行运用。

【战斗】

要说围棋，其对局本身就是要决出胜负的游戏。不过提到"**战斗**"，往往特指对局中双方棋子发生接触，一步走错，势力平衡便会大幅崩塌的状态。

【平衡】

双方控制了大小大致相近的区域，盘上均衡因此得以保持的状态。

【争先】

意思是即便在局部性的优劣上做出妥协，仍然不断抢先行至空白区域，以使自己围地更容易。这是种意图夺取领先地位的下法。

【徐缓】

一定程度上保存力量，准备之后再发力的下法。此外，也可以指推进布局时尽量避免引发战斗的下法。

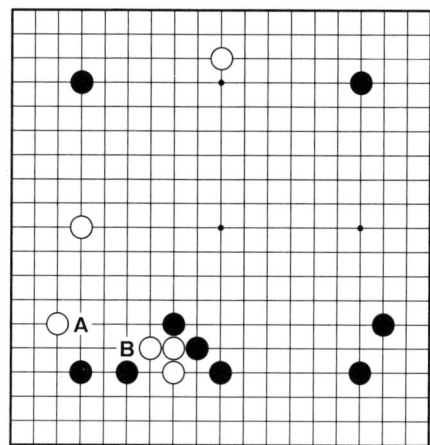

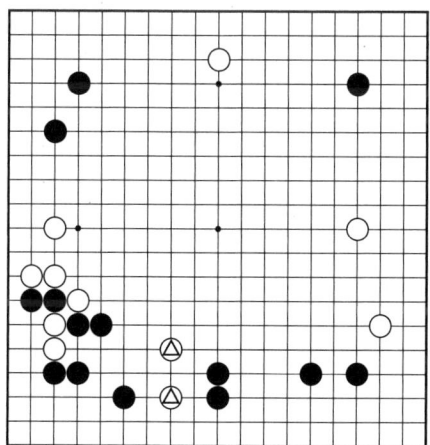

问题 5

●黑先

在黑方而言，打入白阵的点位有 A 和 B 两处。哪一处更为严厉？

问题 6

●黑先

此处有应用靠压攻击猛攻△两子的手筋。左边白棋的棋形是要点。

图 1　以压展开靠压攻击

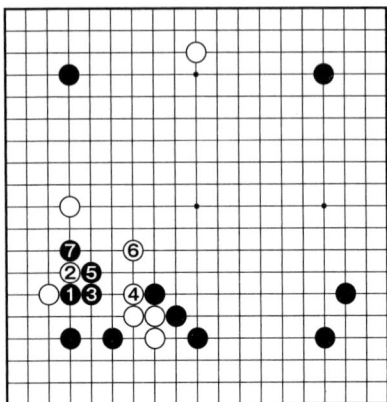

图 1（答案）

　　黑 1（A 位）的压是出自靠压攻击的技巧。若后续有白 2 位、黑 3 位，白方就不得不 4、6 又去逃下边棋子。走成黑 5、7 的话靠压攻击便大获成功。

图 2（失败）

　　行黑 1（B 位）而让白 2 长出的情形，黑棋呈现为我们称之为**裂形**的**愚形**。这样至白 4 让白棋轻松逃至中腹，对左边的白棋也没能有什么强劲的打击手段。

图 2　呈愚形中的裂形

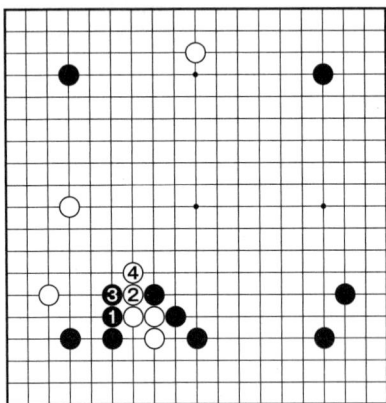

解答 6

图1 先手利可发挥两次

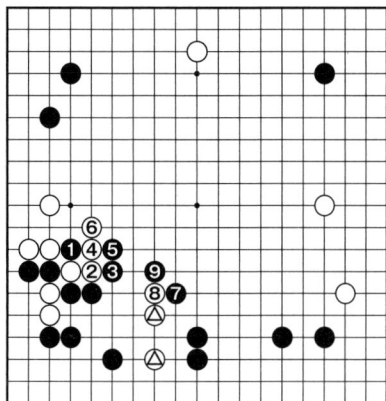

图2 白阵崩溃

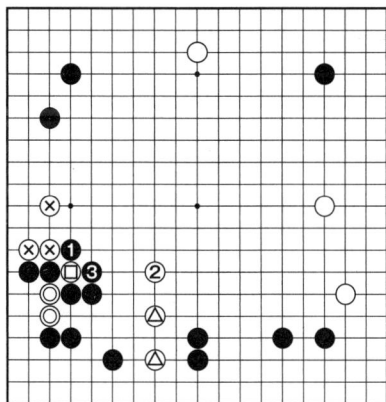

图1（答案）

黑1的断是手筋。若白棋2位逃则黑方可以3、5打先手**得利**。利用此处的黑3、5，便能黑7封锁△。这是靠压攻击的手段。

图2（参考）

黑1断时白棋2位跳的话就让△给逃了。不过黑3提掉要子□，白阵便将四分五裂。又有◎两子死掉，⊗三子也变弱了。白方不会听凭□被杀。

5 夹击与应

图1 如何应对挂角

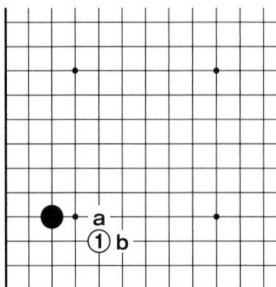

图2 夹击的种类

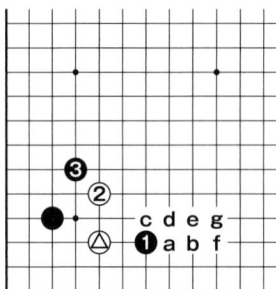

图3 秀策尖

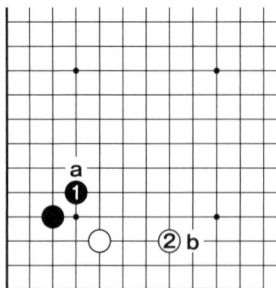

图1（是夹击还是应）

白1是26页介绍过的小飞挂。此时针对挂角的黑棋应手，粗略划分有"**夹击**"和"**应**"两类。

白1行a位一间高挂抑或b位大飞挂的情形，黑方实际仍要考虑回以夹击还是应。

图2（夹击是攻击的着法）

黑1叫**一间低夹**，是不准备给△留下眼位的攻击型下法。黑1行a位称**二间低夹**，b位称**三间低夹**，c位称**一间高夹**，d位称**二间高夹**，e位称**三间高夹**。黑f、黑g给了白棋a位拆二的余地，因此不叫作夹击。

图3（应是防守的着法）

黑棋行譬如1位或a位叫作应。这同样给白棋留出2位、b位拆边的余地，盘上将会是黑棋在左边白棋在下边展开的平稳走势。

此外，针对小目小飞挂的黑1尖，还有个"**秀策尖**"的别名。

6 星位被挂后的夹击

图1　进攻时下"夹击"

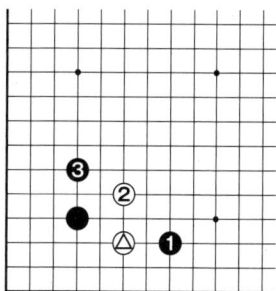

图2　应是防守手段

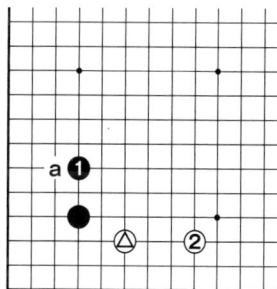

**图3　星位被挂后的夹击也有
　　　六种**

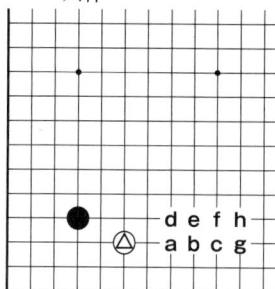

图1（星位被挂后的夹击）

　　针对角上星位的△实际上也是挂角。而针对△的黑1夹击，是意图攻击的下法。

图2（星位被挂后的应）

　　黑棋1位**单关**或a位小飞是应的手段。因为让出了眼位给拆边的白2，该法并不适用于攻击。不过可以期待它为左边赋予的发展性。

　　虽说无论小目或星的情形都是一样的道理，但应对挂角是夹击好还是应好，只看局部是无法判断的。

　　我们得仔细观察周围的情况，己方势力较强的时候，尤其下边就有己方势力的时候选择夹击。若感觉对方势力较强，开战于己不利，就选择应。

图3（星位被挂后夹击的种类）

　　针对△的夹击也分黑a～f六种。a称一间低夹，b称二间低夹，c称三间低夹，d称一间高夹，e称二间高夹，f称三间高夹。g位、h位则白棋有b位二间开拆的余地，因而不叫作夹击。

7 星的弱点

图 1 白方有选择余地

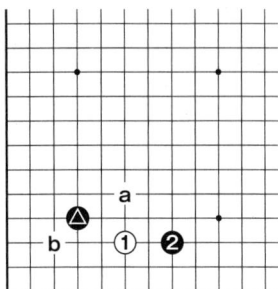

图 2 实利与厚势

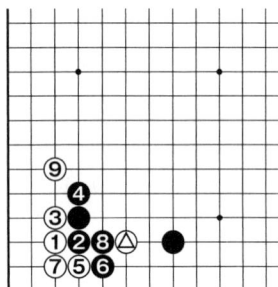

图 3 可以期待左边发展大模样

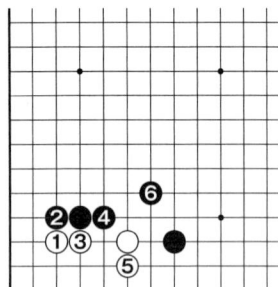

图 1（星的弱点）

针对星位⚫，白 1 挂角，黑棋应此 2 位夹击。此时白棋虽然能够 a 位跳起一战，但也可以选择 b 位点入三三规避战斗。这是星的弱点所在。

图 2（转换）

接下来黑 2 至白 9 是定式。白方舍弃⚫，换得对角上实利的确保。黑方则通过吞掉⚫，于下边建立了强大的势力（**厚势**）。

视周边的情况及随后的发展等因素，黑棋的厚势会在多大程度上发挥作用是双方关注的焦点。

图 3（重视左边的定式）

针对白 1 点三三，黑棋也可以从 2 位一边挡住，将势力伸向左边。此处与图 2 不同，黑方是后手，但看起来能在左边做出大模样，这样的情势也很有力。

不管怎么样，白 1 只要点入三三就能避免发展成双方正面开战。

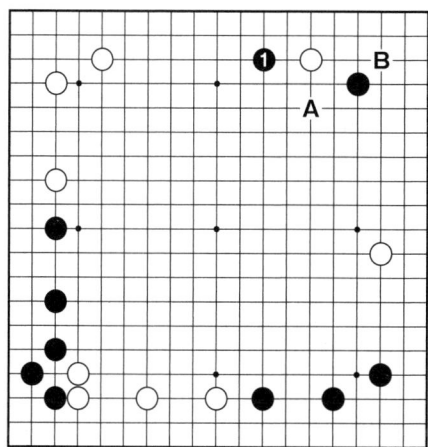

问题 7

○白先

黑棋 1 位夹击。白方会选择 A 位的一间跳还是 B 位的点三三？

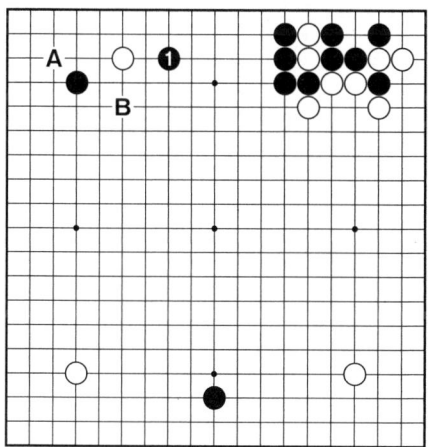

问题 8

○白先

黑棋 1 位夹击。白方会选择 A 位的点三三还是 B 位的一间跳？

图 1　一间跳开战

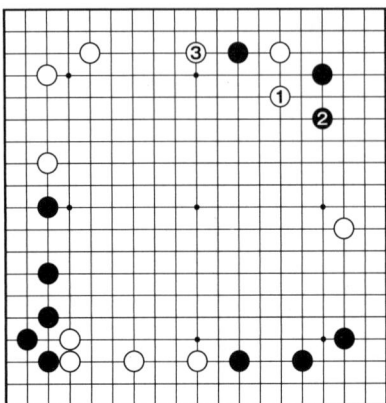

图 2　白棋方向不对

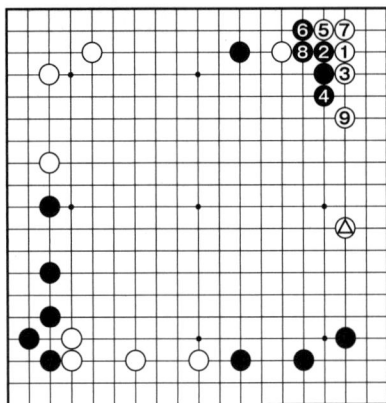

图 1（答案）

因左上有白棋的守角，上边正是白棋势力较强的区域。据此，白 1（A 位）一间跳后白 3 逼，以此挑起战斗。白方看来能在上边围出大片的地。

图 2（失败）

走白 1（B 位）三三至白 9 的定式则放跑了机会。另外因为右边已经有⚪分投，这样下价值很低。白 9 进至右边也没什么意思。

图 1　用于转换的三三

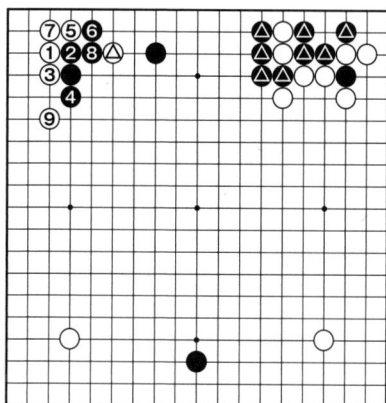

图 1（答案）

　　因为 ▲ 有非常强劲的势力（厚势），白棋就算在上边开战也不会得什么好处。这里白 1（A 位）的三三才是正确答案。至白 9，黑地偏居上边，白方没什么不满。

图 2（失败）

　　白 1（B 位）跳起的下法会遭黑 2 攻击，又有右上黑棋强劲之故，白方轻易不能平息事态。即便多少做到了削减上边的黑地，却也更大幅度地在左边助长了黑地的增加。

图 2　发展成在黑棋势力圈之内的战斗

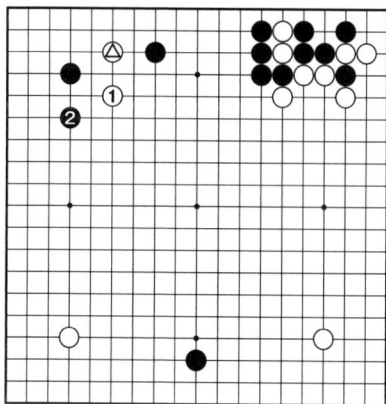

8 防守

图 1　在边上确保根据

攻击对方的棋子是好的。反过来，防守以使对方无从攻击也很重要。

"防守"，是指不要下成会被对手攻击的棋。制造根据，补强断点，将面临封锁危险的棋子进至中腹等等，通过这些营造难以被攻击的强子就称为防守。

图 1（极为重要的防守）

白棋以 1 位拆二确保了根据，这是防守手段。若省去白 1，一旦被黑棋夹击，◬就会变成无法构筑根据的**弱子**。

图 2　在角上确保根据

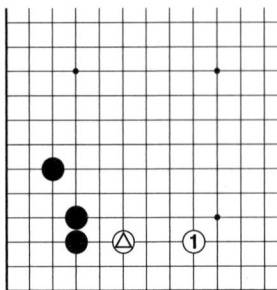

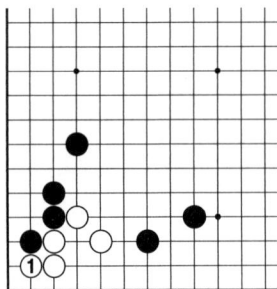

图 2（防守的急所）

白 1 的挡也是防守。下出白 1 则角上可做出两眼，因而便不会再受攻击。相反一旦被黑方下到 1 位，白棋四子就难以做出两眼，最终变成遭黑棋攻击的弱子。

图 3　重要的联络

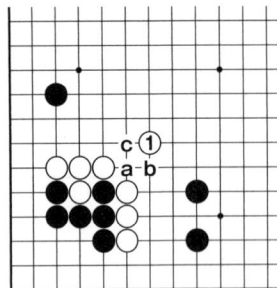

图 3（预防切断的防守）

白棋 1 位巩固联络也是防守。放任不管而被黑棋 a 位断的话，下边与左边的白棋将遭到缠绕攻击。白 1 时还有 a ～ c 位等防守方法。

● 黑先

白棋 1 位挂角。A 位夹击和 B 位应，黑方会选择哪种下法？

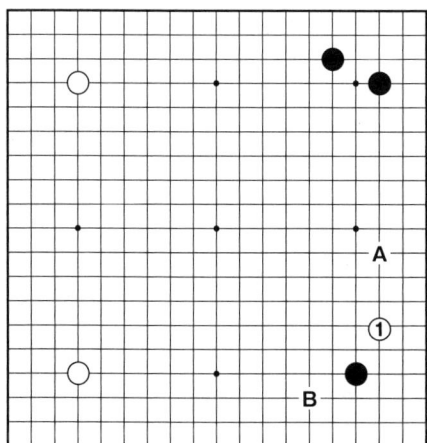

● 黑先

白棋 1 位挂角。A 位应和 B 位夹击，黑方会选择哪种下法？

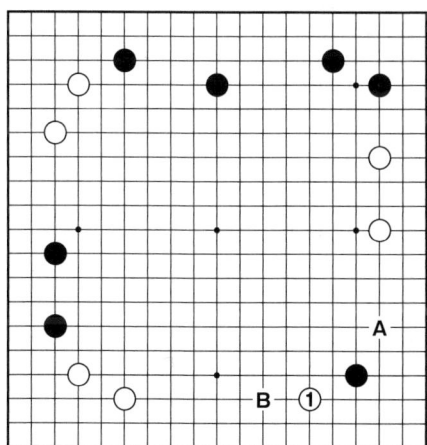

图 1　活用守角进行攻击

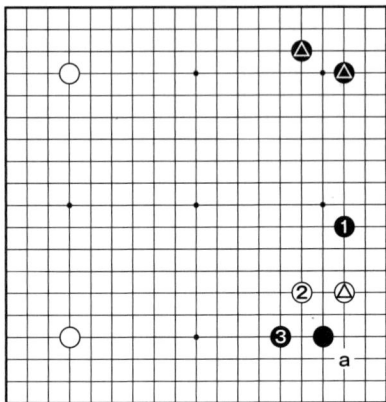

图 1（答案）

由于右上角有▲的守角，右边是黑棋的势力范围，此时局面，正适合以黑1（A位）夹击△。白2点a位三三是常见的下法，但黑棋可在右边做出大模样。

图 2（参考）

图 2　守角没有发挥作用

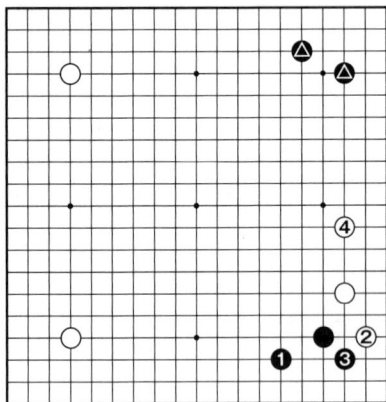

黑1（B位）应稍显消极。白2、4的定式之后，黑棋虽然说不上坏，可▲守角的势力却被限制住了。图1更为积极，建议那样去下。

图1　因白棋势力较强而低调应对

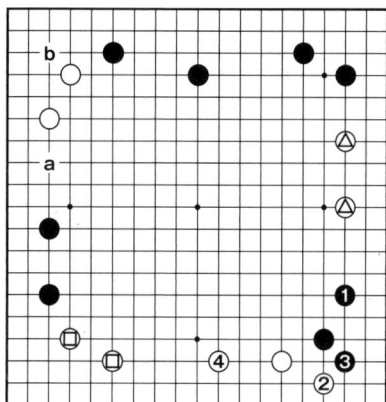

图1（答案）

　　观察周围，可见右边有△的拆二，近旁左下又有□驻扎，是白棋势力较强的情状。循此，黑1（A位）应较佳。白方行2、4则黑方转至a位或b位大场。

图2（失败）

　　黑1（B位）夹击会遭白2、4反击。黑方作为攻击者站不稳脚跟，反而很可能被白方连下边带角都给打击到。黑1夹击"过分"，这是失败的处理。

图2　夹击后反过来遭到攻击

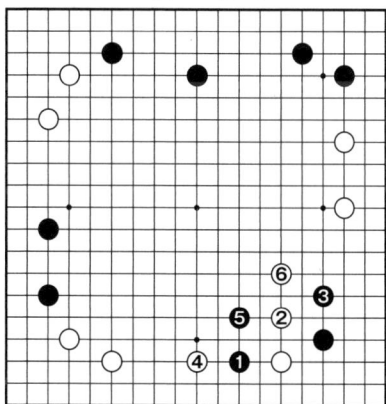

9 应、单关、小飞

图1 应的手法

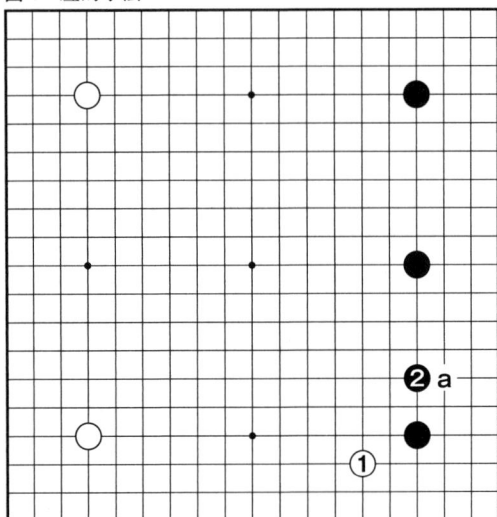

图1（应的手法的特征）

针对星位后白1的挂角，黑方有2位**单关**以及a位小飞两种应法。单关保有积极性，小飞则着力于防守。

图2（长于攻击的单关）

对于⚫，白方一旦脱先下1位或其他地方，黑棋便会由2位尖顶至4位夹击攻击白棋。这种时候，⚫比起a位的小飞对白棋要有更高的攻击力。

图2 白棋一旦脱先会引来强烈攻击

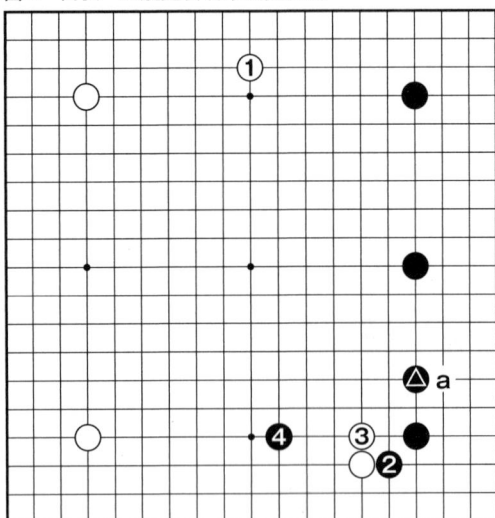

9 应、单关、小飞

图3 单关易于发展模样

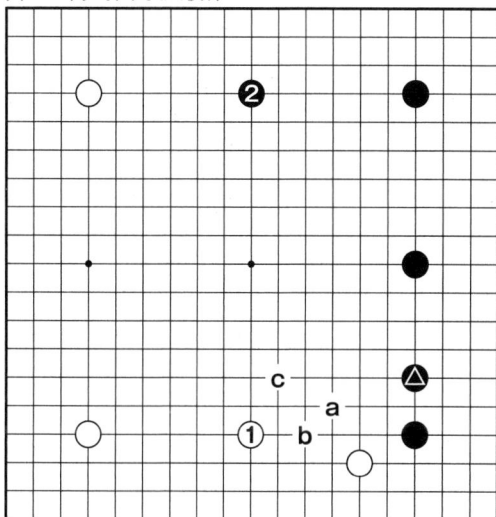

图3（单关也具有发展性）

白方于1位等处备防下边便可。

接下来黑方向2位一带扩展右边模样之时，▲的单关会是易于实现目标的棋形，例如走黑a、白b、黑c。

图4（黑方要怎么应？）

那么再来看看，像这样的情况下被白1挂角的话，黑方要怎样应才好呢？

下边及右上有白子存在，这就成了关键。

图4 观察周围棋子分布后进行判断

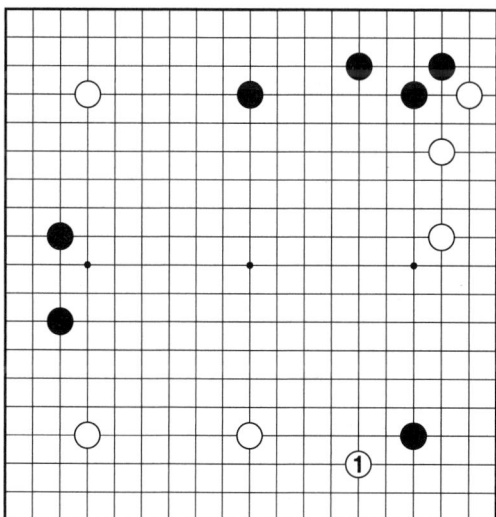

9 应、单关、小飞

图 5　防守重要

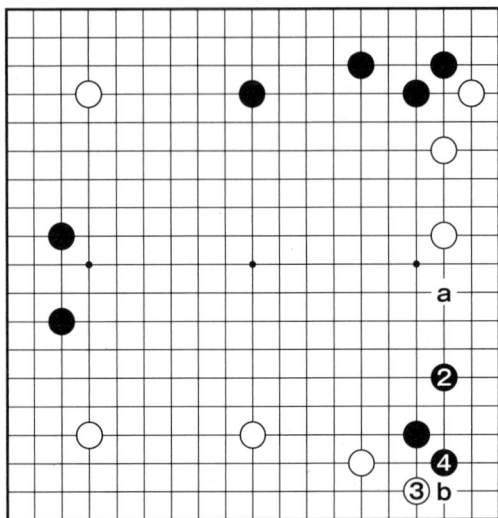

图 6　角上根据不安定

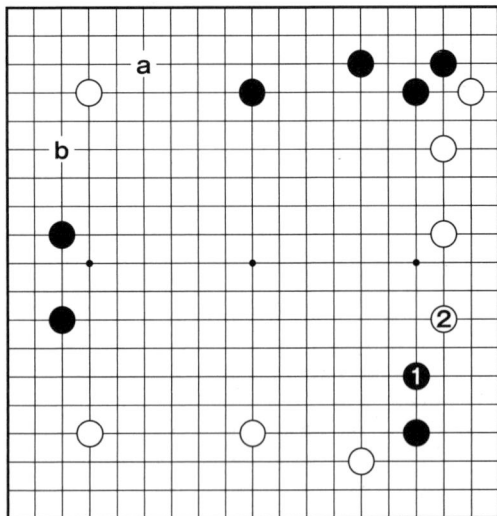

图 5（防守型的小飞）

右下一侧是白棋的势力范围。这样的情况要以黑 2 的小飞应。对白 3 再应以黑 4，接下来由于 a 位和 b 位见合，黑棋不用担心遭到攻击。

图 6（单关不适合防守）

黑 1 单关遭白 2 逼，角上根据不安定。图 5 以小飞应的黑棋要更为稳定。另外，如果黑方 a 位挂角左上，白方也正适合以 b 位小飞来应。

● 黑先

　　白棋 1 位挂角。黑方要在 A 位和 B 位中的哪一处应?

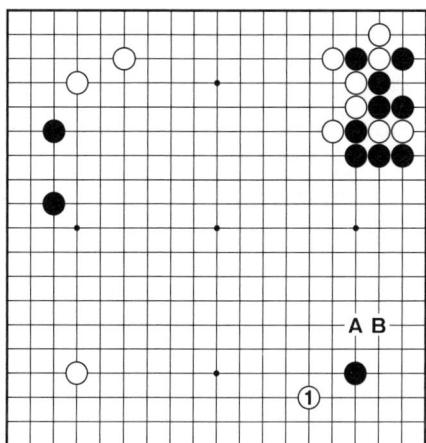

● 黑先

　　白棋 1 位挂角。黑方要怎么下?

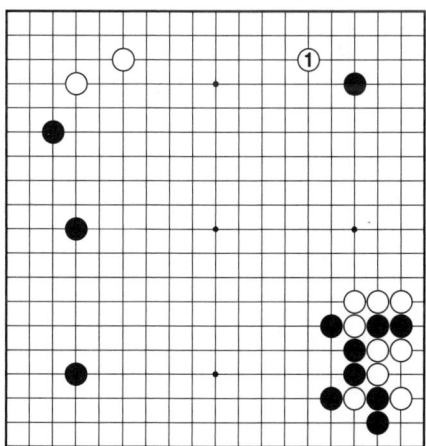

图 1　强势的单关

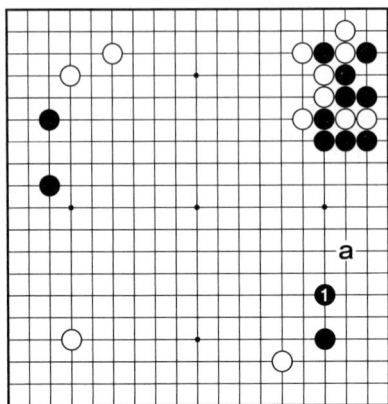

图 1（答案）

因右上黑棋强劲，即便以黑 1（A 位）单关来应也不用在意 a 位的弱点。故而推荐走会增强下边、右边等处影响力的黑 1。除此之外还可以考虑夹击下边的白子。

图 2　右边的黑棋模样难以发展

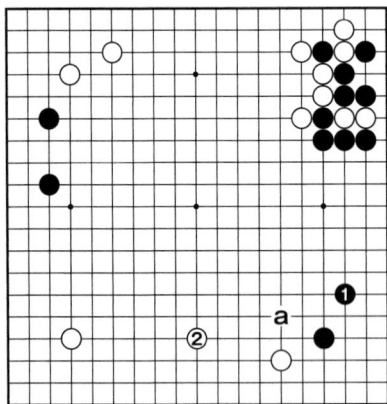

图 2（失败）

下黑 1（B 位）的小飞，右上黑棋的厚势则不怎么会发挥作用。之后一旦被白方下出 a 位跳等着法，黑方右边的模样都会变得难以发展。黑 1 小飞在这样的情况下是消极的。

图 1　切实留好根据

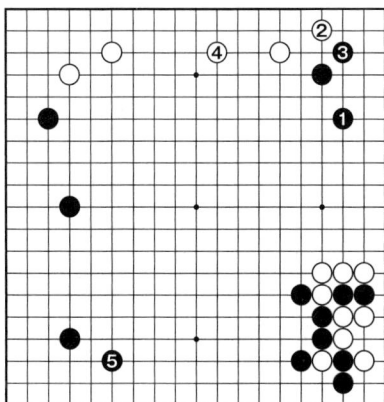

图 2　根据还是不稳

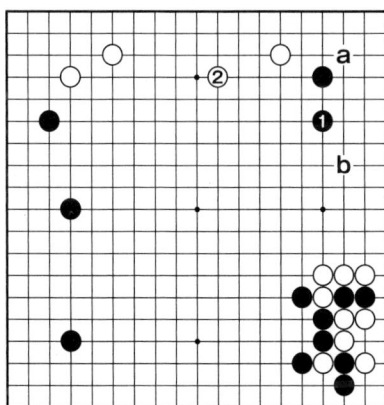

图 1（踏实地坚守）

　　右下白棋强劲，此处是白方的势力范围，由是黑棋以 1 位小飞应。假如白方走 2、4 的定式，则因角上黑棋根据落实，黑方可以黑 5 转至大场。

图 2（单关不安稳）

　　即便黑 1 单关来应，不能同时作用于攻击白棋的目的的话，发展模样也就无从期待。这样只留下了角上黑棋根据会被白棋从 a 或 b 位威胁的担忧，黑棋不安稳。

10 断点

图 1　白棋有断点！

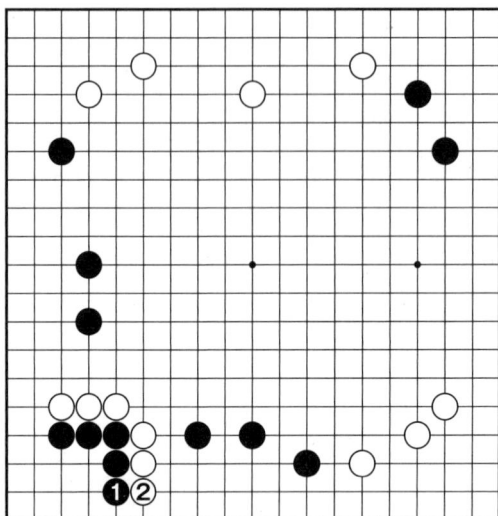

图 1（黑方的机会）

黑 1 补强了角上的时候，白 2 因留有"**断点**"，是危险的一着。黑方等到了机会。

图 2（分断白棋）

以黑 3 断可以做到将白棋分割成下边和左边两块。哪怕白 4、6 让下边的棋子逃到了中腹，左边也会被黑 7 给封锁起来。

图 3（白棋理应防守）

图 1 白 2 时本该以本图 1 位粘消除断点，切实防守。

图 2　左边的白棋会被吃掉

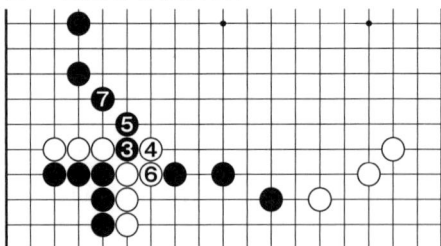

图 3　粘上消除断点

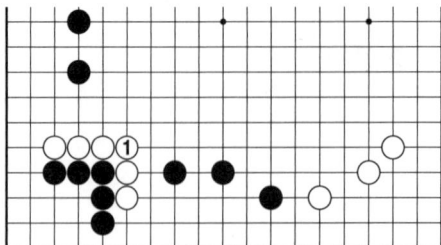

11 断、分断

图 4 以虎防守

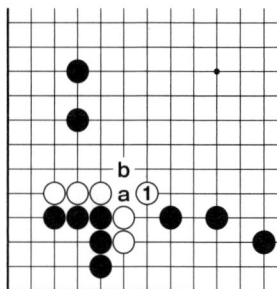

图 4（虎）

白 1 叫作"**虎**"。接着如果黑 a 来断，白棋可以 b 位提掉，因此这一着间接地守住了断点。

白 1 下到 b 位也是虎。想要快些逃下边就下白 1，反过来想让左边逃出去的时候就选择下 b 位的虎。

图 5 觑是虎的弱点

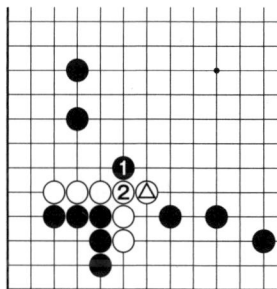

图 5（觑）

只是，虎的时候一旦黑子从 1 位来应，白棋就不得不 2 位防守。这手黑 1 称作"**觑**"。虽说虎还是有很多好处，但会被觑是它的弱点。

图 6（对觑要防守）

对▲的觑，白方脱先的话，果然会像我们想到的那样被黑 1 所切断。这样一来下边的白棋和左边的白棋就分别成了弱子，白方变得十分痛苦。

切断对方断点的着法全都叫作"**断**"，不过像这里的黑 1 那样，将对方棋子切分成两块进行攻击的断，有时也专门称作"**分断**"。

图 6 觑以断为目的

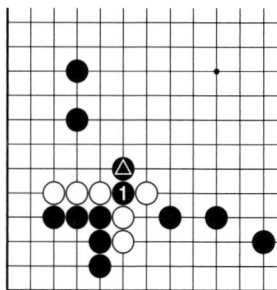

12 接

图1 接则无隙可乘

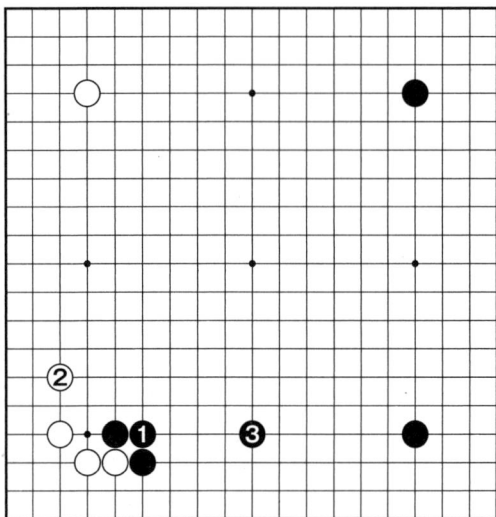

图2 封锁左下白棋

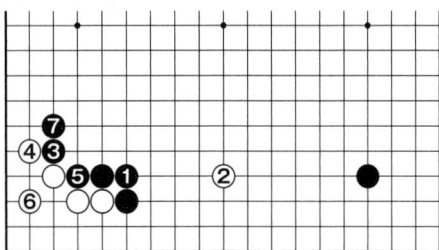

图3 虎留有些许空隙

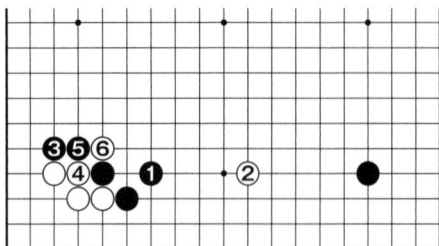

图1（接）

黑1叫作"**接**"。虽说在联络上不露一丝空隙，但缺乏眼形，行动也迟缓，因此它多是应用在己方势力较强位置的一手。若白方2位应则黑3拆下边，这是定式。

图2（封锁白棋）

应黑1，白棋要是下2位，黑3可封锁角上的白棋。

图3（虎存在被反击的可能性）

黑1下的是虎，但应白2，黑棋一旦3位靠，就有遭白4、6反击的可能性。

12 接

图 4 行动迟缓是接的弱点

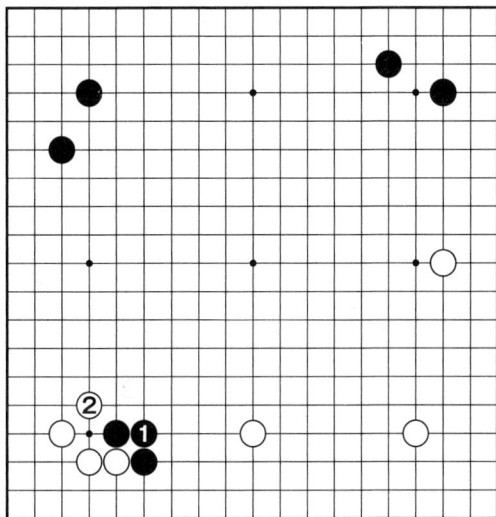

图 4（接的弱点）

像这样走在白棋的势力范围内，黑1的接会遭白2攻击，是难做眼形的棋形。

图 5（腾挪还需虎）

选黑1的虎相对也会比较容易逃至中腹，是不易遭到攻击的棋形。

图 5 虎的脚步要更快

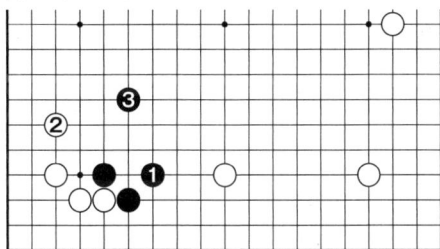

图 6（有弹性的连接方法）

像这样的情况下也会以白1虎走成能控制局面的形状。白1下a位接，被黑b扳则会难以做眼，最终遭到攻击。

图 6 虎易于做出根据

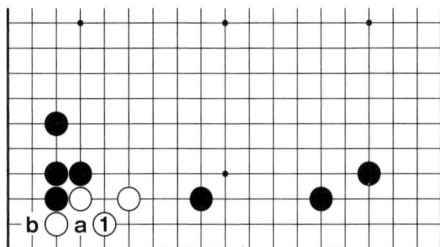

图1 接? 虎?

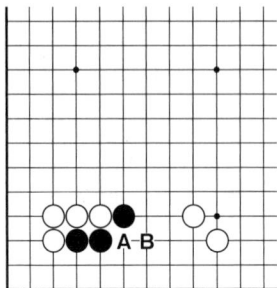

防守的局面下，虎会是好棋的情况较为多见。这是由于它方便做眼形，因此不仅易于保得根据，还易于发展出"**有弹性的棋形**"。

图1（连接方法的差异）

下边的黑棋存在断点，黑A接和黑B虎，用哪种方法防守比较好呢?

图2 有弹性

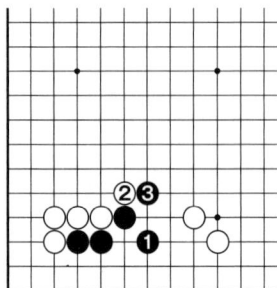

图2（有弹性的虎）

此处是白棋的势力范围，因此黑方采守势。这样的情况下，黑1虎是好棋，白方就算想以2位扳封锁，黑3也可以反扳。这种"可以黑3反扳"的感觉就可以说是"有弹性的棋形"。不过同时，此处的黑棋也是不会被封锁的、易于做出眼形的棋形。

图3 无弹性

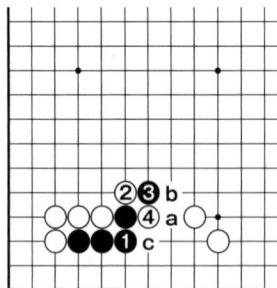

图3（没有弹性的连接）

选黑1接的情况，应白2下出黑3的时候，白4的断会是个威胁。对黑a，白棋有b位还以切断以及c位逃生等应手。

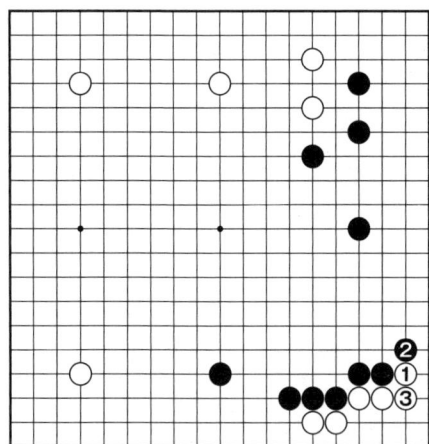

●黑先

　　白方下了 1、3。
黑方的下一手很重要。

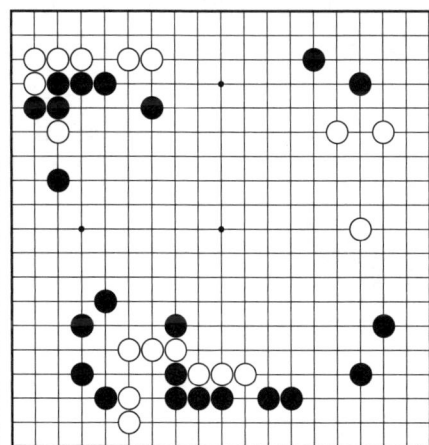

问题 14

○白先

　　虽然是在让子
棋中执白，不过该防
御的时候还是有好
好守住的必要。

图 1 虎使右边发挥效用

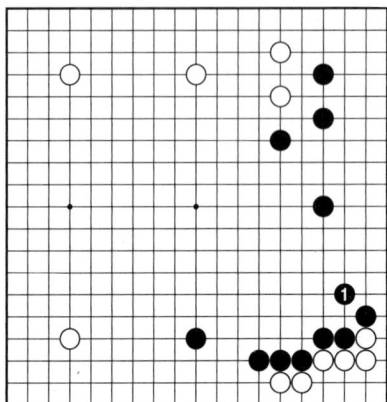

图 2 黑棋模样遭到破坏

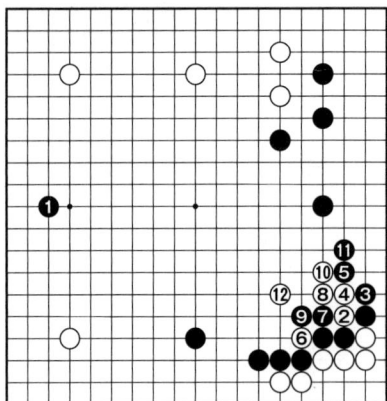

图 1（答案）

黑 1 守住断点很是重要。因为右边是黑棋模样，黑方以 1 位虎令右边发挥效用。

图 2（失败）

黑 1 的分投虽也是大场，但会被白 2 切进断点。黑棋若 3 位出逃倒不至于被吃掉，可黑 7、9、11 逃子的期间让白方一路至 12 走出了形状，黑棋模样则简单地就被搅乱。黑 3 改一下在 4 位**打吃**的话，白 7 位、黑 6 位、白 3 位，黑方反而被吃了子。

解答 14

图 1　守住断点后再谋求侵入

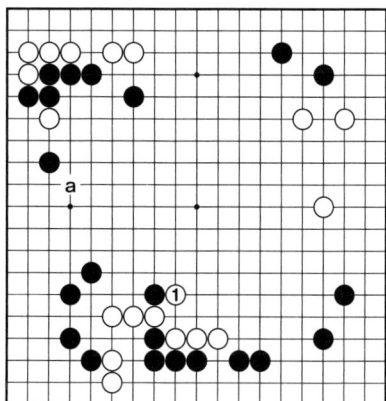

图 2　急于左边则下边的白棋将遭攻击

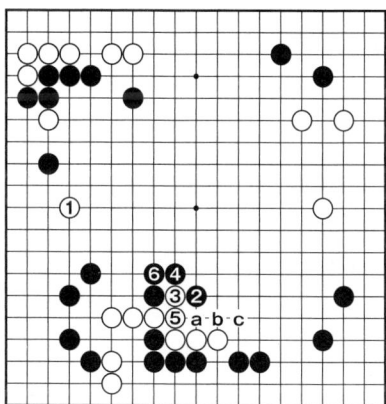

图 1（答案）

白 1 是重要的防守步骤。白方先消除断点、强化阵型后，再瞄准左边 a 位肩冲等处。

图 2（失败）

白 1 急于对左边打入，则会被黑 2 跳觑断。接下来被黑棋 5 位切断就麻烦了，因此白 3、5 进行防守。但黑棋下 6 位，白方大龙就失掉了眼形。另外，黑 2 时直接 5 位断的情况，白 3 位、黑 a 位、白 2 位、黑 b 位、白 c 位就成了征。

14 两翼、模样

图1 两翼张开是理想棋形

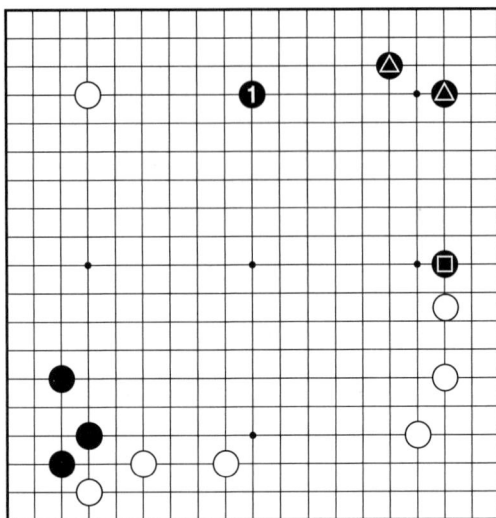

布局有格言："**第一步占空角，第二步守角、挂角，第三步拆边。**"先占角，接下来就在边上展开。

拆同样存在价值上的诸多差异，首先是拆在开阔的地方价值较大。其次，以守角的背部或厚势等因素为大前提，有希望走出较大"**模样**"的拆，价值也正好较大。（所谓模样，是指虽然还未成为实地却很有可能转变成实地的广阔领域。）

图1（两翼张开是理想棋形）

图示是自 ▲ 的守角向右边行 ■ 拆边的局面。此时黑1在上边的开拆就成了很大的一着。以守角为中心在两侧边上开拆的棋形称作**"两翼张开"**，就布局来讲这被认为是理想棋形之一。

当然，这不是说右上会全部变成黑地，不过在攻击侵入的白子的过程中，可以期待黑棋自然地发展出大片实地。

布局要是已逐渐熟练，不妨试试将两翼张开作为目标。自然的，要是出现对手将会张开两翼的情况，为阻止这样的发展而进行拆边也很重要。

15 厚、薄

图1 厚势的影响力很大

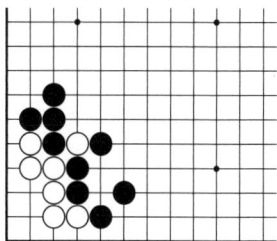

图2 不为所动

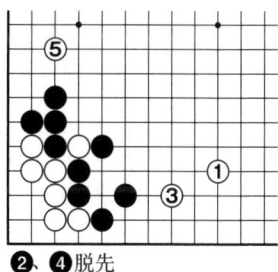

❷、❹脱先

图3 并非厚势

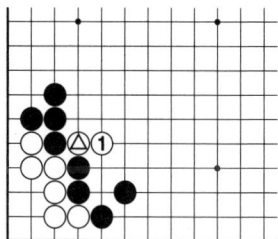

"**厚势**"说的就是强子。这个术语之所以难以理解，是由于要弄懂棋子力量的强度本来就不简单。仅仅是谈厚势的判断和利用，也差不多够出一本书了。

图1（黑棋的厚势）

本图的黑棋很厚。与厚势相对的术语是"**实利**"，这指的是基本已经确立下来的实地。

厚势会变成几目的实地，这在序盘的阶段还是个未知数，但它却向边上广阔的空间播散了影响力。

图2（厚势即强子）

因为厚势意味着强子，就算白棋行1、3、5进发到了周围，黑方也不为所动（实在脱先太过的话，境地也是会变得危险的）。在此期间黑方可以进攻白棋，也可以利用厚势在盘上其他位置扩展模样。

图3（弱子无厚势）

如果情况是白方可以下1位发动◎的作用，那么由于这块黑棋会被分断削弱，也就谈不上厚势了。

16 治孤

图 1 △大龙危险!

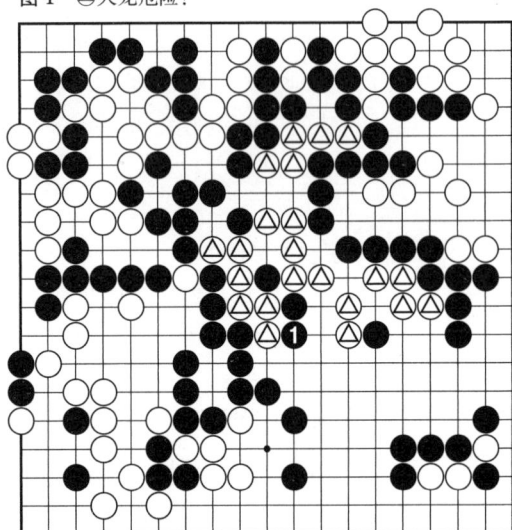

图 1（治孤）

所谓"**治孤**"，是指保护正遭对手进攻的棋子以防其被吃掉。相比起随后要介绍的腾挪，它更多是指已被逼迫至不做出两眼就很危险的境地时所采取的行动，应黑 1，白方有办法治孤吗？

图 2 白方的治孤

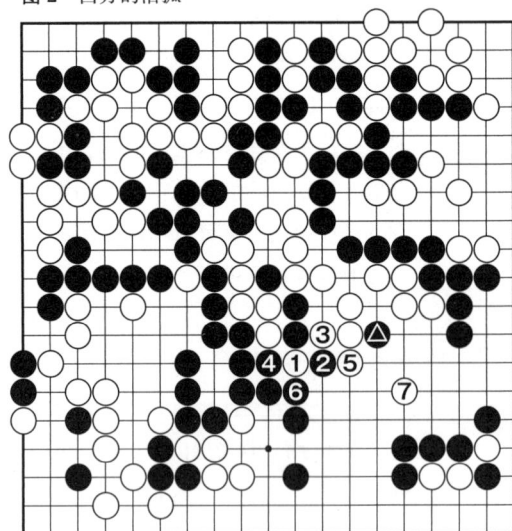

图 2（白棋柳暗花明）

白方决定下 1、3。若将白 1 作为弃子，从白 5 小飞至 7 位杀掉△，则白棋会因能做两眼而活下来。

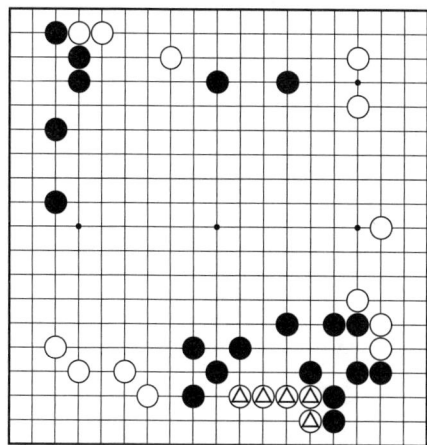

问题 15

○白先

△遭到包围处境危险。有可能治孤做活△吗?

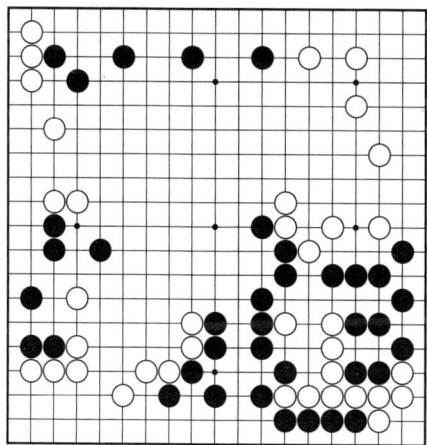

问题 16

○白先

右下的白棋大龙遭到了包围。要是被杀就全盘皆输,这有办法治孤吗?

图 1　以双活治孤

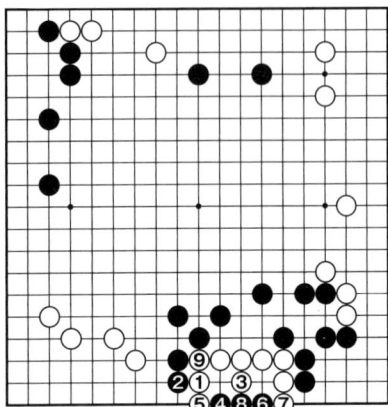

图 2　治孤失败白棋死

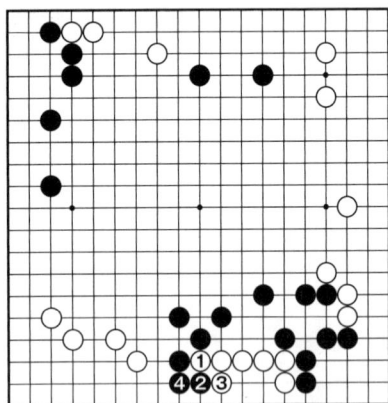

图 1（答案）

　　这个问题类似死活题。白 1 扩开会得先手。要是黑 2 挡过来，白棋就 3 位下在急所，应黑 4、6 行至白 9 成双活。白方治孤成功。

图 2（失败）

　　下白 1 的话最终没能扩展开眼位，被黑 2、4 的扳粘挤压，白棋就没了做两眼的空间。治孤失败也就意味着这块棋会死掉。

图1　在中腹做一只眼

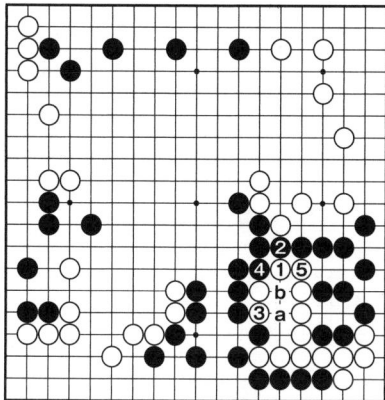

图2　即使分断黑棋也做不了眼

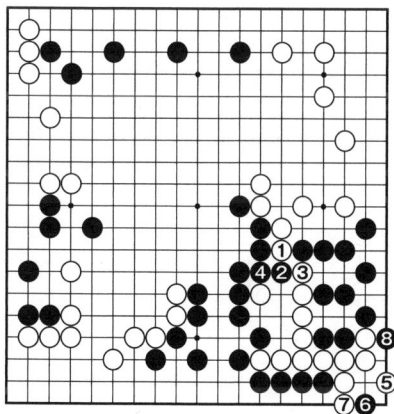

图1（答案）

角上唯有一只眼。白1是正确答案。虽会被黑2分断，但可以以白3在中腹再做出一只眼。黑4则白5见合。对黑a，白棋如果b位应，则"**接不归**"出一眼。

图2（失败）

哪怕白1、3分断黑棋，让黑4给粘上白棋便不能逃脱。因为中腹那只眼也无法再做，结果就是白棋死掉。右下角即使下白5诸着也做不出两眼。

17 腾挪

图 1　白棋如何腾挪?

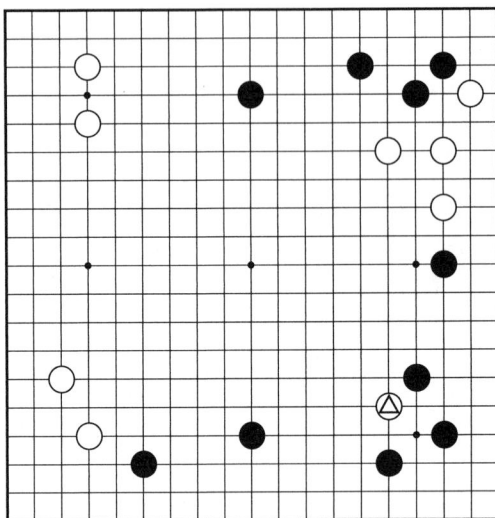

图 2　白棋腾挪成功!

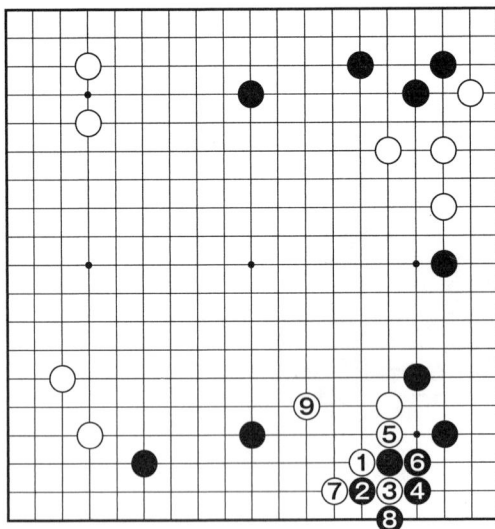

图 1（腾挪）

　　腾挪与治孤同样，是保护弱子时采取的下法，不过它用在己方稍有余裕的状态下。△虽正遭到攻击，但若能限制右下的黑棋模样，弃掉△也不要紧。

图 2（利用腾挪整出好形）

　　白 1、3 是腾挪的手筋。备防至白 9 则白棋成为不易被攻击的棋形，并成功限制了右下角的黑棋模样。腾挪比起治孤会走出更有余裕的棋形。

○白先

96 页图 2 的状态下，要是被黑 1 断，白棋要怎样腾挪？

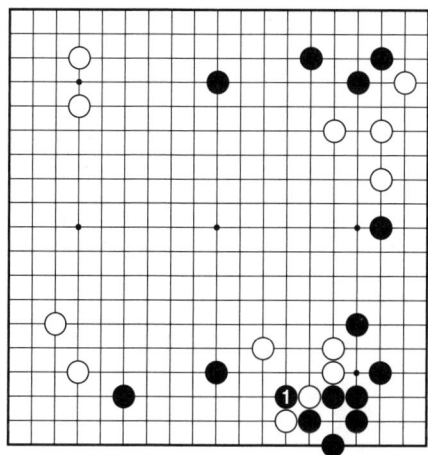

○白先

对白 1 的靠，黑棋 2 位顶再 4 位断来回应。白方要下 A 位还是 B 位？

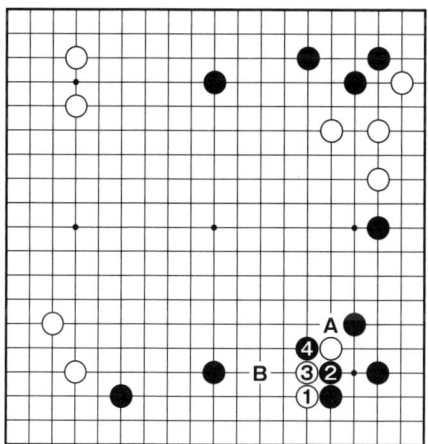

图 1　重视整体的联络

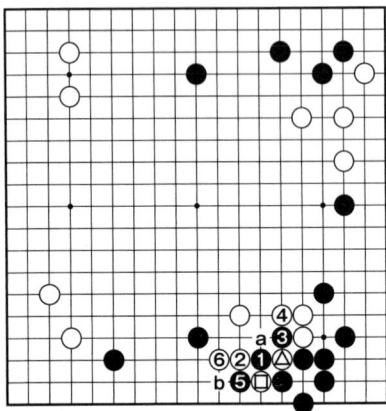

图 2　步调迟滞的下法

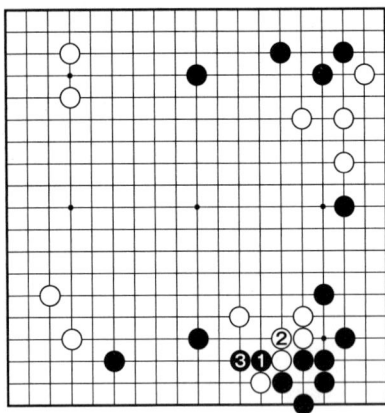

图 1（答案）

对黑 1 的断要白 2 **反打吃**。虽会被黑 3、5 吃掉△及□，但白棋整体保持了联络。又由于 a 位、b 位的**打吃**是先手,白棋难被攻下。白棋已腾挪成完备的棋形。

图 2（失败）

对黑 1 要是白 2 粘上，则会被黑棋 3 位长起,任下边成为大片的黑地。在此基础上,中腹白棋也会欠缺眼形,显得很"**重**"。

图 1 △"轻"

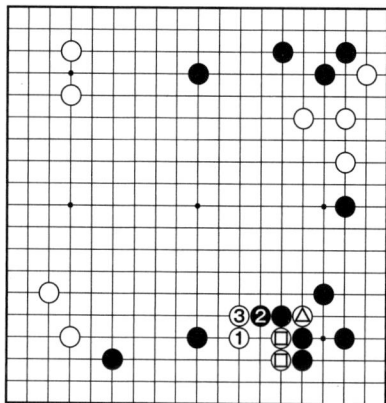

图 1（答案）

△价值较小，或者说"**轻**"。白棋不执着于△，1 位（B 位）在下边跳起。应黑 2，白 3 压住，自○向中腹腾挪。根据情况，就算弃掉○也要抓住关键掏进下边。

图 2 要是执着于"轻"的棋子……

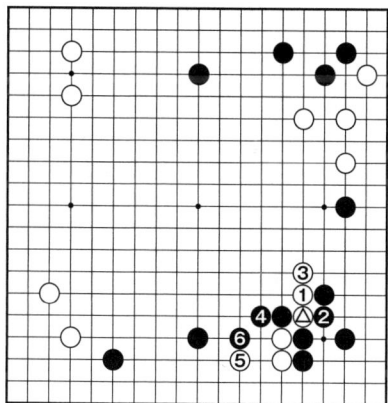

图 2（失败）

下白 1（A 位）、3 救△，被黑 4 一长，下边白棋就痛苦了。

因为执着于"轻"的棋子，白方在价值较大的下边陷入苦境，腾挪失败。

图1 提子开花三十目！

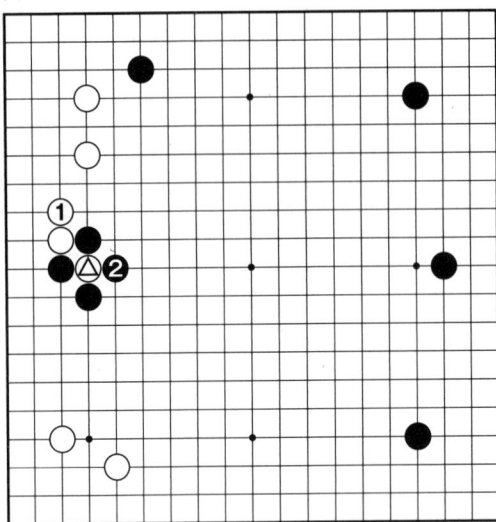

图1（提子开花三十目）

图示局面，左边白棋下了1位而黑棋2位拔掉了△。黑2称为"**提子开花**"。提子开花会转化为十分强劲的厚势，甚至有"提子开花三十目"的格言。

图2 黑方胜势！

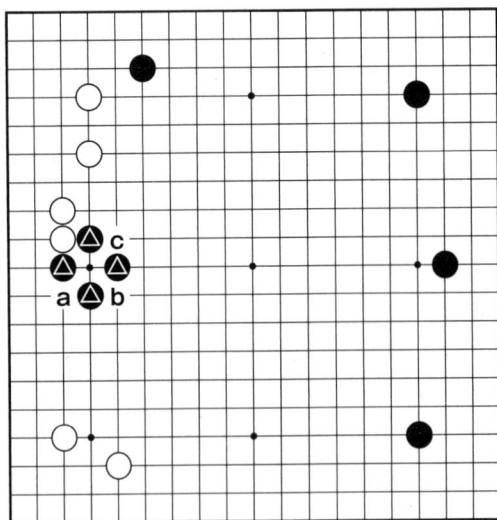

图2（提子开花是高效率的厚势）

提子开花是以图示▲那样的四手高效提取对手一子的棋形。如果a、b、c这样的位置有黑子就不能叫作提子开花。▲的影响力远达右边的黑棋模样，要是在职业棋士的对局中出现本图情形，几乎已经可以说是黑方的胜势。

●黑先

黑1压并不是很好的一着。对白2、4，黑方下一手要怎么办？

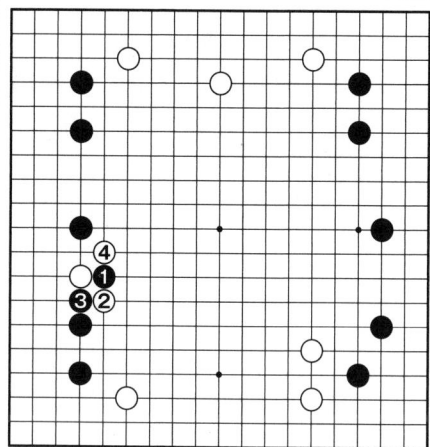

○白先

黑1严重地漏看了。白方下一手应该不用花时间想了吧？

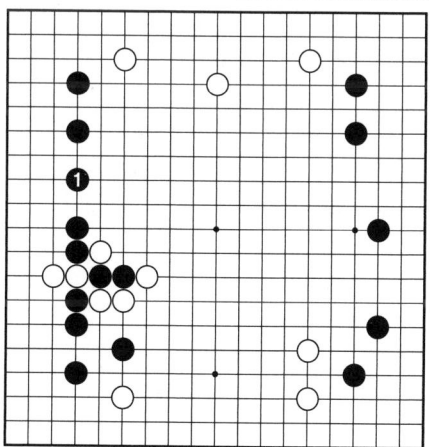

图1　不容许提子开花

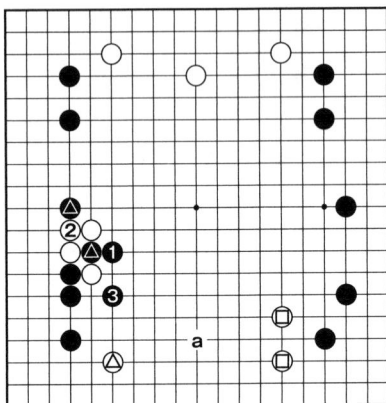

图2　提子开花的价值很大

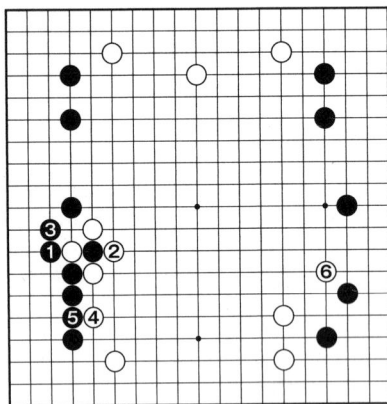

图1（答案）

黑1长仅剩一气的棋子是正确处理。⚫虽因白2受到重创，但比起让对方提子开花要好些。黑3枷则制住白棋一子。

随后可以自a位打入，放眼对△、▢的进攻。就让四子局的序盘而言还算过得去。

图2（失败）

黑1、3渡左边的话虽说能安心，可白2提子开花的价值颇大，白4、6就能大幅扩展下边势力。

图 1　龟甲带尾!

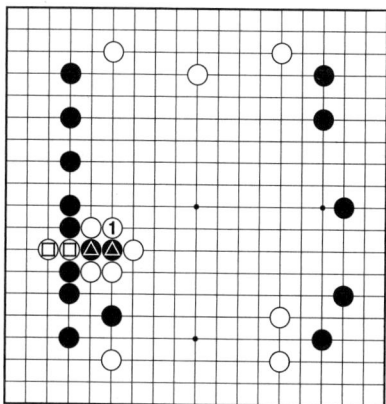

图 2　逃要子

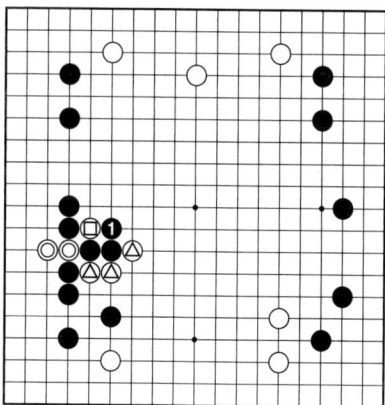

图 1（答案）

白 1 拔 ▲ 两子出现的形状称为"**龟甲**"，是比提子开花还要更为有力的棋形。在此之上本图又有长出的 ⊙ 分断了黑棋，是被称作"龟甲带尾"的最佳棋形。

图 2（参考）

提问中图示黑1，是原该本图 1 位逃生的一手。要能这样下的话，▲、□ 和 ◎ 就变成各自为阵，白方要着手收拾局面，这正会是需要大费周章的情况。图 1 ▲ 标出的是极为关键的要子。

◎更多围棋术语⑤ 对局中的用语②

【中盘】

双方确定全局大体构架的阶段叫作序盘，而接续其后的阶段就是"**中盘**"。从哪里开始叫作中盘并没有特别做出规定，一般认为双方棋子开始进行接触、发生近战的话就进入了中盘。

而后战斗结束，转入对地盘大小的调整阶段，这时就进入了"**终盘**"。并没有专门规定说从第几手起叫作中盘，或者开局后经过了多少分钟开始叫作中盘。

【形】

即在局部上被认为效率较好的棋子配置，也称为"**好形**"。局部上效率较差的棋子分布则称为"**愚形**"。愚形中又有如**裂形**、**空三角**等一些存在专门叫法的形状。

【本手】

乍看上去可能效率不好，但会抹去自身弱点、消除后顾之忧的下法。

【无理手】

无理手尽管乍看下效率很好，却给对方留下可瞄准的空隙，又或者会导致眼形贫乏之类的，是遗留有某种负面影响的下法。

这样的一着发展成恶手时就称为"**无理手**"，而在一定情况下没有产生恶性发展的时候，则有"**合理应手**"的说法。

【骗着】

碰上对方的正确应对则会导致损失，在明知如此的前提下期待对方出错的着法。

在让子棋之类的情况下，"**上手**"有时会对"**下手**"采用这种手段。

【胜负手】

己方形势稍显不利的时候所采用的、冒较大风险以谋求逆转可能性的下法。要是形势再稍坏一些的话，就会改用"**搅棋**"来形容这种手段。

第 **3** 章　棋子的调动

1 与棋子调动有关的术语

图1 紧邻原有棋子行棋的术语

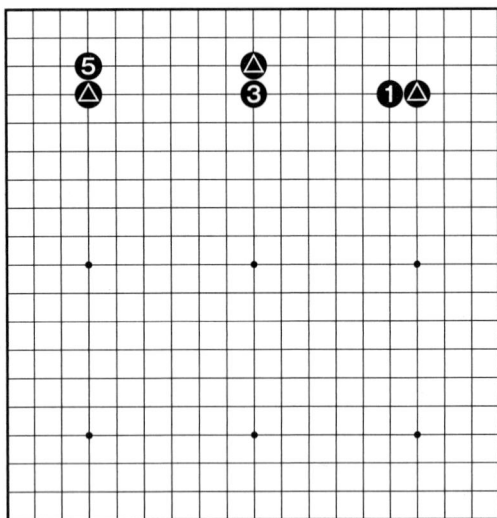

围棋规则中有很多与棋子调动（即与先前下在盘上的棋子之间的关系）有关的术语。

举例来说，图1中的黑1称为"**并**"，黑3的话叫作"**长**"或"**挺**"，黑5则是"**立**"。像这样，即便同是下在▲相邻一路的棋，根据盘上情况、与对方棋子的关系、棋手的思路等等，所用的术语也会发生变化。

仅仅是这样并列着行棋时所用到的，除上述而外就还有退、压、曲、挡、爬、挤等很多围棋术语。而拉开一些距离的行棋方法同样有跳、飞、尖、拆等术语，数量着实繁多。

极端地说，无论什么样的着法，只要描述成"下在某处的一手"的话也就没了识记术语的必要。可即便如此仍有这么多的术语在使用，这便证明了棋子调动是多么重要。

正确理解了术语的话，也就通向了对这样一手棋的含义的理解。例如行往棋盘中央方向的黑3是长，行往棋盘边缘方向的黑5是立，那么根据情况，黑1有时也会被称作长。

2 长与扳

图 1 长

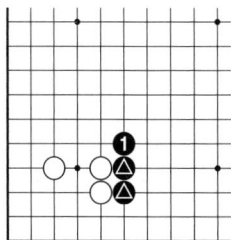

图 1（向中腹行棋的长）

黑 1 即是**长**。这一着很好地保持着与△之间的稳固联络，并朝着中腹迈了出去。它强化了黑棋对下边的影响力，还限制着白棋在左边的影响力。

图 2 扳

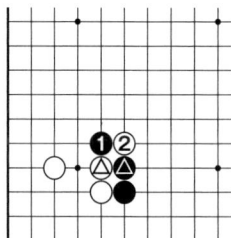

图 2（有断点的扳）

与△处于相接状态之下，从△斜进一子的黑 1 叫作扳。这是积极地意图进军左边的一手，但也有与△之间联络不完整这一弱点。此处白方不仅棋子要多出一颗，在角上还保有根据，由此，被白 2 切断则黑棋陷入苦战。

图 3 二子头

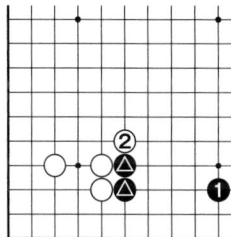

图 3（二子头）

黑方在下边 1 位拆则会被白方 2 位扳。白 2 所落之处是阻在△两子行进方向上的绝好点位，被称作二子头。此处之关键以至于有"二子头必扳"的格言，放任白 2 扳的黑 1 一手很不好。

图 4 黑方痛苦的发展

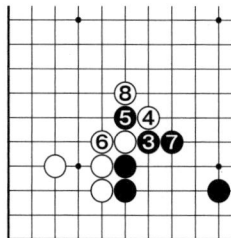

图 4（遭到挤压）

就算黑 3 时下 6 位断掉白棋，让白方 3 位一长黑棋也痛苦，因此只能做黑 3 至 7 的应对。而行至白 8，白棋对左边的影响力变得非常大，黑棋下边的势力则减小了。

2 长与扳

图 5　作为缓着的长

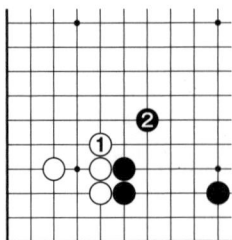

图 6　序盘中不向边缘行棋

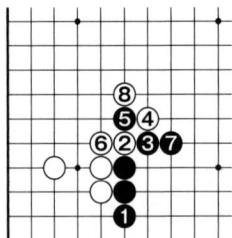

图 7　爬与长

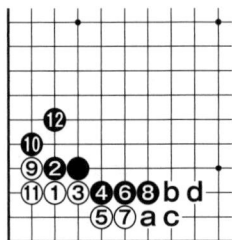

图 8　切断无理

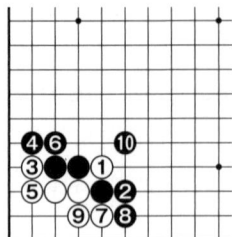

图 5（在己方强势的区域，长算是缓着）

图 3 白 2 的扳改下本图 1 位长的话，会被黑 2 飞出从而失去压迫黑棋的机会。巧妙地区别使用长与扳，应该可以说是作战的基本功了。

图 6（立的行棋方向不同）

黑 1 叫作立。进入官子阶段的话这会是很大的一着，但在序盘中，向棋盘边缘行棋产生的影响力较小，一般不怎么会去下。

果不其然，从白 2 的扳发展至白 8，左边的白棋势力增强了。

图 7（定式）

白 1 至黑 12 是定式。由于是黑棋较强的局面，黑 4 得以下扳。黑 6 及 8 这样的叫作长，但白 7 要称作"爬"。

白棋就算 7 位爬，受黑 6、8 阻挡也无法将影响力播散到盘上广阔的区域。此后若是白 a 位、黑 b 位、白 c 位、黑 d 位的发展，则其中黑 b、d 是长。而白 a 与白 c 是爬。

图 8（切断则白棋苦战）

图 7 的白 5 改在本图 1 位断的话，则黑棋可以 2 位长出一战。图 7 的黑 4 也是扳二子头的好棋。

●黑先

　　局面发展至黑1、白2。接下来黑方的一手应该是 A 位的长还是 B 位的扳呢?

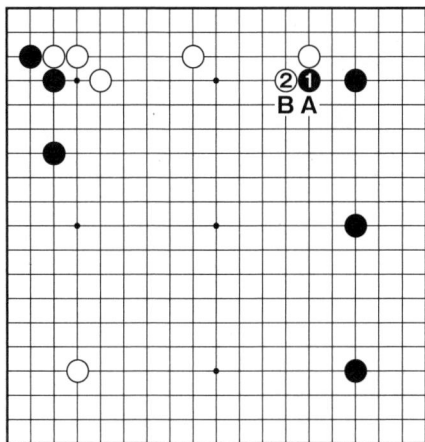

●黑先

　　白棋1位靠了过来。A 位的扳和 B 位的长,黑方下哪一边比较好呢?

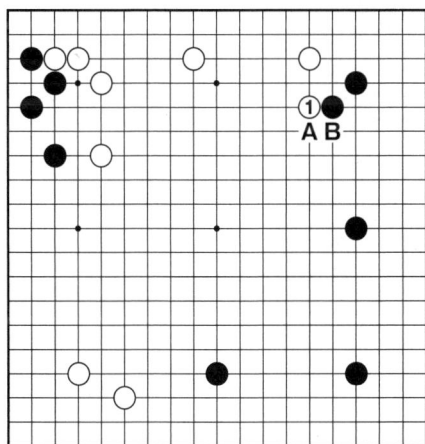

图 1　压长定式

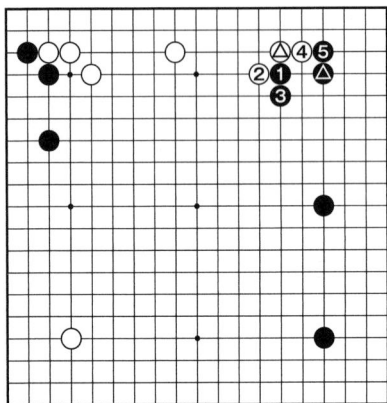

图 2　遭到分断

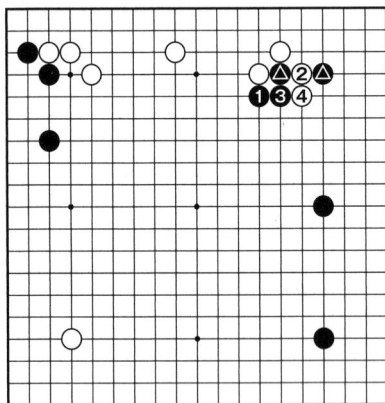

图 1（答案）

黑 1 压、白 2 扳，黑 3（A 位）则是长。黑棋 1、3 是称为**压长定式**的有名棋形。黑方面向右边构筑起势力而白方巩固了上边，结果是双方**均势**。

图 2（失败）

黑 1（B 位）的扳会让白棋 2、4 从⚫之间冲破。本题局面较难处理，但被分断肯定不是什么好事。首先要考虑着不让⚫被分断，这是此处行棋的基本。

图1 强势地扳

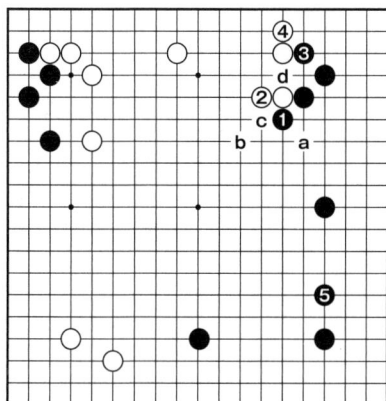

图2 右边的黑棋模样遭到限制

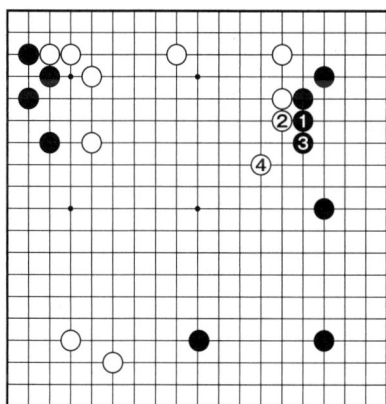

图1（答案）

黑1（A位）扳。由于白方大概会2位长，黑棋可以3、5防守，在右边做出黑棋模样。黑5上改a位防守，接下来瞄准b位小飞，这样的下法应该也不错。白2要是改c位扳，黑方自黑d起可以攻破白地。

图2（失败）

黑1（B位）、3的长很消极。一旦让白4飞起，上边的白棋模样便膨胀起来，结果使右边的黑棋模样遭到限制。

3 以立进行防守

图1 影响到双方根据的立

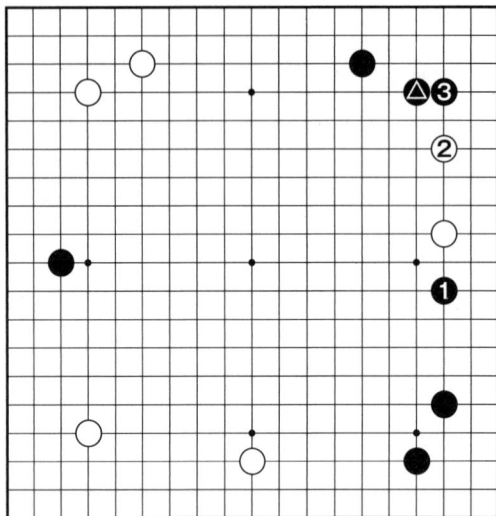

图2 以跳下进行防守

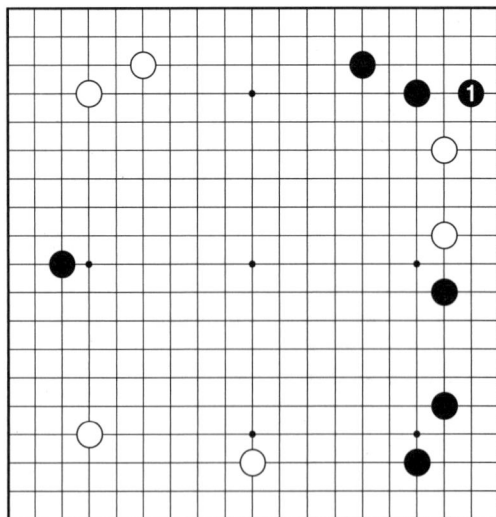

图1（守势的立）

立是朝向棋盘边缘行棋的下法，在防守的情形下用得较多。黑1、白2之际，黑3是为守住右上角地盘而下出的立。因为这一手还会影响到双方的根据，尽管处在序盘阶段，黑3也是拥有莫大价值的一手立。

图2（跳的防守法）

黑棋还可以用1位的一间跳来进行防守。黑1是朝向盘面边缘行棋的跳，故而有时也会说作"跳下"。

3 以立进行防守

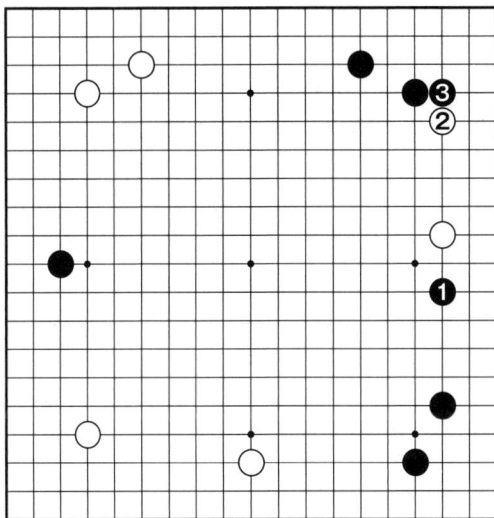

**图 3（白 2 推进
过头）**

黑 1 之后，白
棋推进到 2 位是
恶手。此时黑棋
同样会下 3 位，
但这一手的性质
变成了"**挡**"。
这是由于，它与
白 2 一子发生接
触并阻住白棋行
进方向的意图变
得很强。

图 4   余留断点的下法

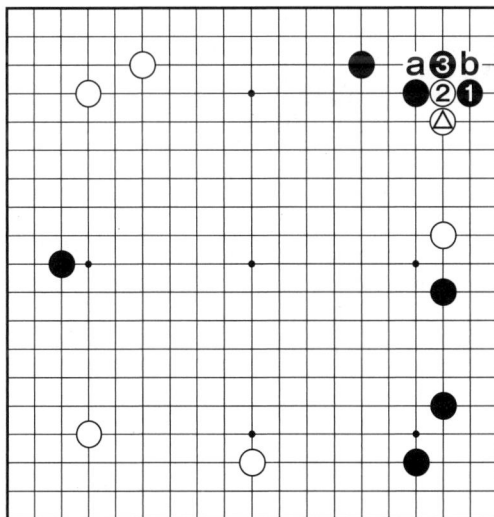

**图 4（存在空隙
的跳）**

因为△靠得
近，黑 1 跳不佳。
被白 2 一冲，即便
黑 3 挡上也会在 a
位和 b 位出现两个
断点。此后被白棋
a 位或 b 位断，黑
棋会很痛苦吧。

3 以立进行防守

图 5　尖顶是攻击的着法

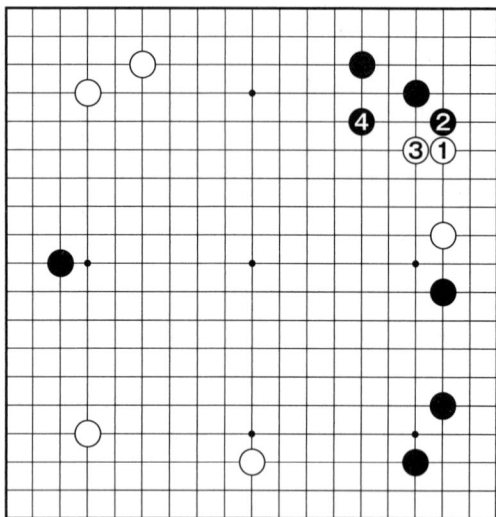

图 5（尖顶）

对白 1，黑棋下 2 位叫作"尖顶"。这一手与其说要守卫角上的地盘，不如说实际是在搜根白棋，更多是以攻击为目的。据此可知，根据情况，角上的地盘还不一定会完全归属黑方。

图 6　以立妨碍联络

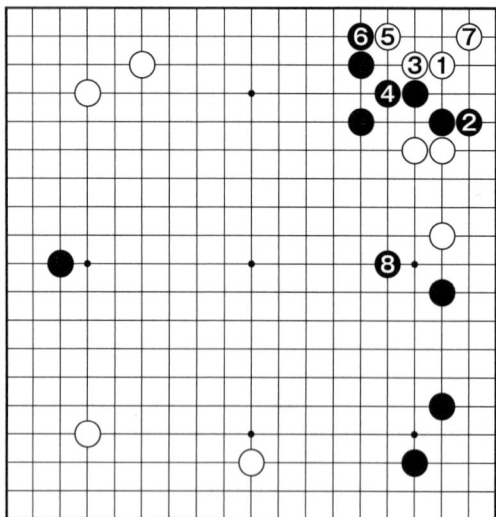

图 6（以立进行分断）

要是让白 1 点进了三三，就应该以黑 2 立分断白棋实施进攻。就像这样，立在妨碍对方的联络时也会用到。不下黑 2 的话，就会让白棋 2 位达成联络。

3 以立进行防守

图 7 若不防守角部就会被点三三

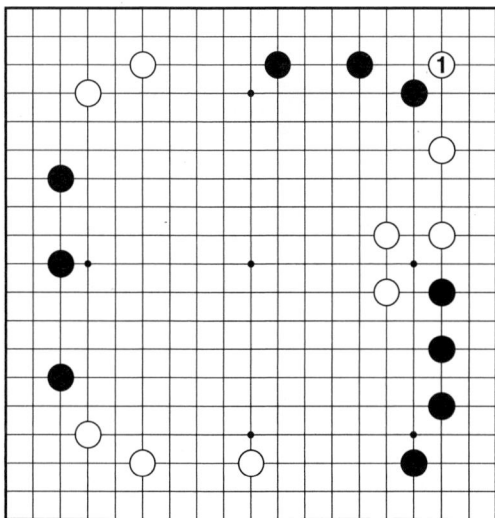

图 8 想分断时下隔断

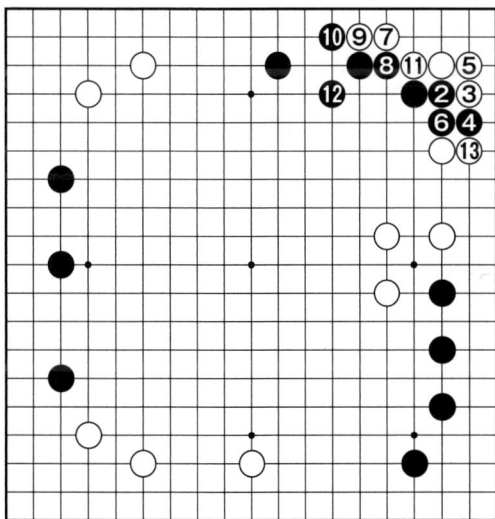

图 7（不加防守会被侵入三三）

情况稍微发生了一些变化。角上如果一直不加以防守，就会被白 1 点进三三。只是点入至 1 位的话，白方右边同样会弱化，因此对右边进行强化后再行点入才是正确时机。

图 8（要分断白棋该怎么办？）

接下来黑棋 2 位对白棋的联络进行妨碍，这一着也叫作"**隔断**"。白 7 为止是定式。接着黑方行 8 至 12 强化上边，白 13 下了挡。黑方要如何阻止白棋渡过？

3 以立进行防守

图 9 为了展开进攻也需要分断

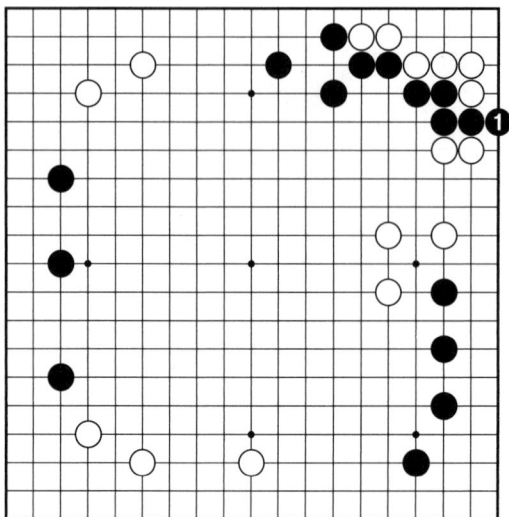

图 9（以立进行分断）

黑方用 1 位立可以阻止白棋的渡。反过来，一旦被白方 1 位渡过，右边的白棋会彻底逃脱，也就无法再对其发起进攻了。

图 10（以扳进行分断）

以黑 1 的扳也可以做到防止白棋渡过。采取这种方式，黑棋接下来可以窥伺 a 位的扳。白棋要是下 2 位则黑棋 3 位粘，结果黑方还是能瞄准下一步 a 位断。

图 10 有所图的扳

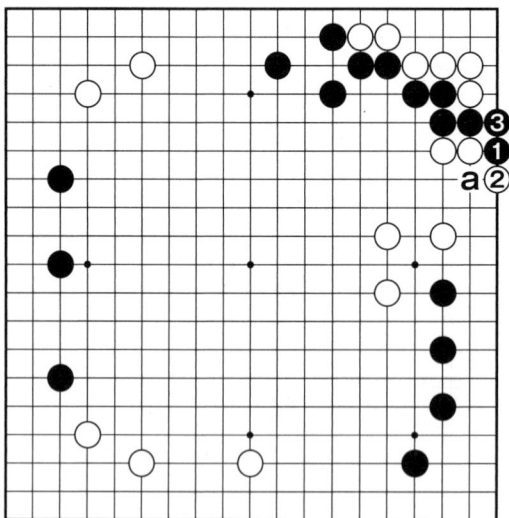

●黑先

　　白 1 逼了过来。黑方为了守住下边的地，要下 A 位、B 位中的哪一处？

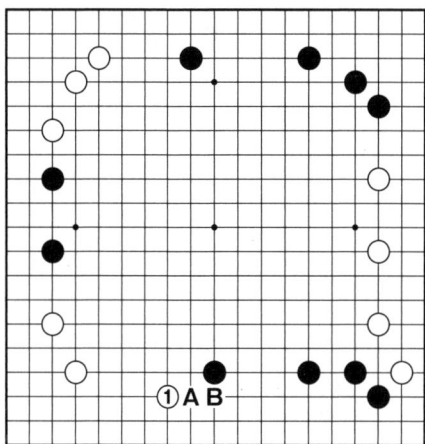

●黑先

　　白 1 点入了三三。黑方要下 A 位还是 B 位？

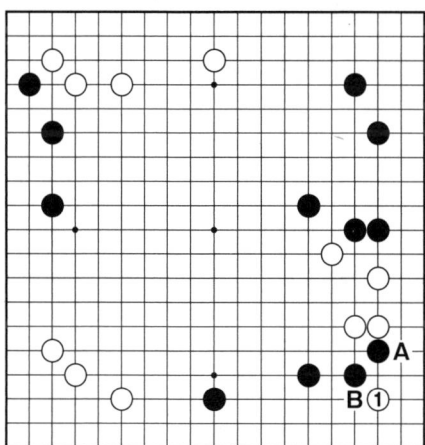

图 1　用于防守的立

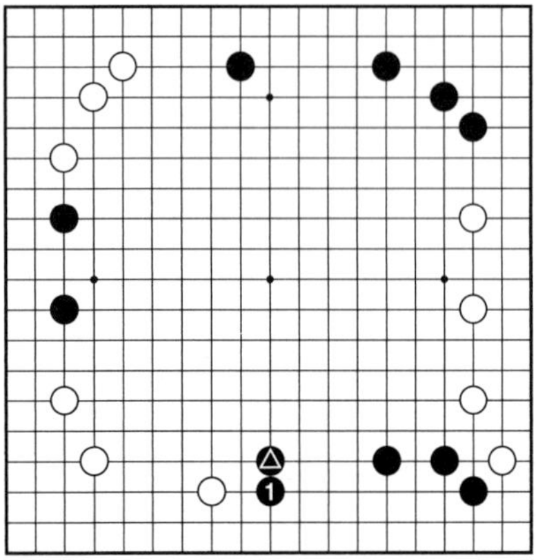

图 2　尖顶则防守不充分

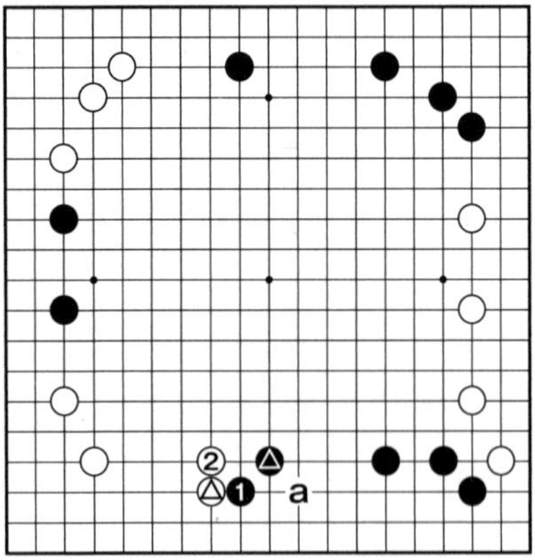

图 1（答案）

准备守住下边时，黑 1（B 位）立会是坚实的下法。黑方以此遏止白棋的入侵，保护下边的黑地。立是在防守时较易发挥出威力的下法。

图 2（失败）

黑 1（A 位）尖顶是恶手，白方用 2 位长来应对，最终巩固了白棋。更糟的是这样留下了白方 a 位打入的空隙，下边的防卫也不甚完整。黑方即便落于后手，也只有图 1 黑 1 立才是正确的防守方式。

图 1　分断后进攻

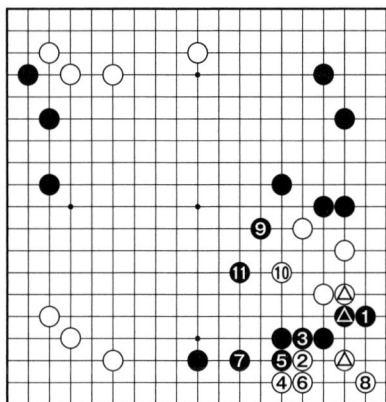

图 2　右边的白棋变强

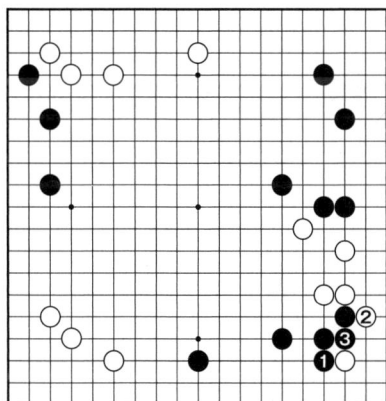

图 1（答案）

　　以黑 1（A 位）立分断△。虽然让白 2、4 简单地做活了角部，但相对地黑棋变强，也就可以对白棋展开攻击了。这会是白方的艰难一战。

图 2（失败）

　　黑 1（B 位）的方法是**挡**。虽然出于不愿黑地进一步遭侵吞的想法这么下了，但对白 2，黑方不得不 3 位应，角上黑地的先手因此不复存在。最糟的是，右边的白棋变强了。

4 挡

图1 挡防止了对手的踏足

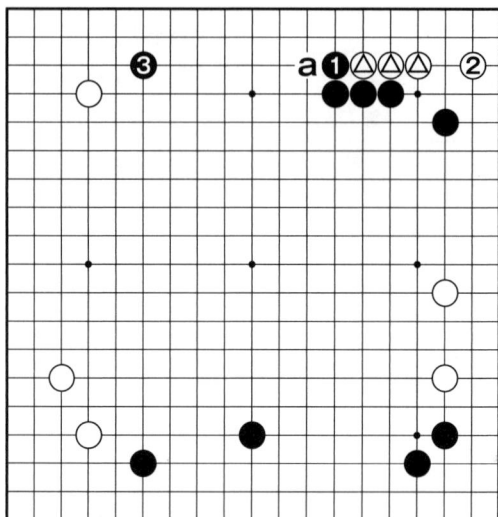

图1（挡在上边）

意图阻止对方棋子推进而下出的着法叫作**"挡"**。若是黑1挡上，就能防止⊿走白a踏足上边。应白2的防守，黑方只要3位挂角，上边就会出黑棋的大模样。

图2 右边发展出了可观的黑棋模样

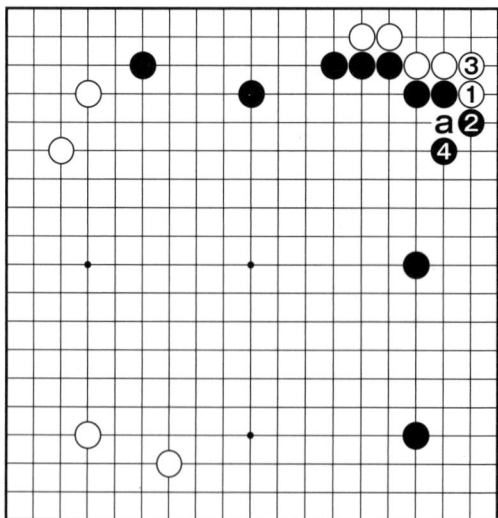

图2（挡在右边）

应白1扳下出的黑2同样是挡，因为它防住了白方意欲进至右边的手段。对白3，以黑4虎防守断点也是关键的一手，右边成了黑棋的大模样。

● 黑先

挡在右上会是很大的一手。但究竟应该挡A位还是B位呢?

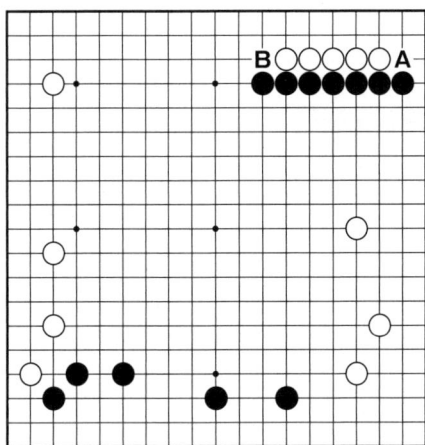

● 黑先

黑棋刚被白1点入三三。黑方理应从哪边挡?

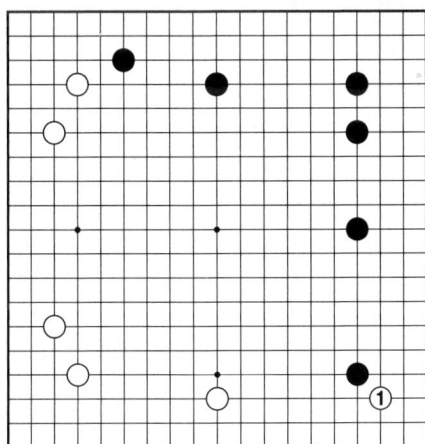

图 1　挡得先手

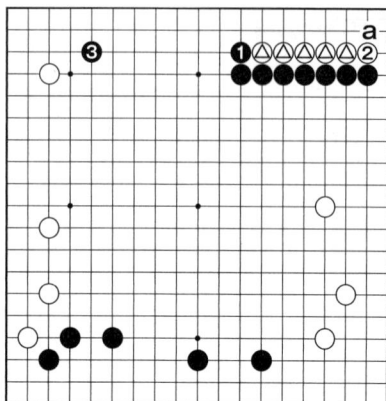

图 2　并未阻止对手的进军

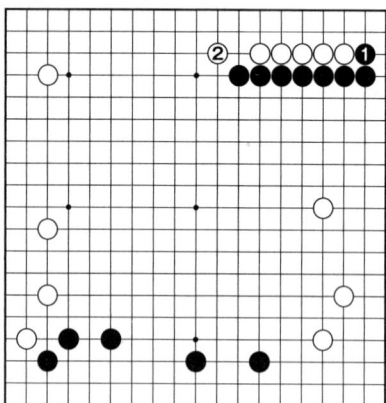

图 1（答案）

从白方的角度来看，此时正想让△往上边发展。循此，黑1（B位）挡是正确选择。而白棋如果2位做活，黑3挂角会是绝佳的一手。白2脱先，则黑a，△危险。

图 2（失败）

黑1（A位）则让白2在空阔的上边出头，因此是坏棋。黑1的感觉并不是在阻断白棋的行进方向，因此与其说是挡不如说是"**曲**"更合适。

图1　黑棋模样跨右边和上边

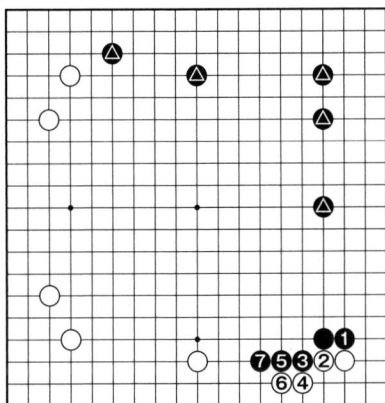

图2　挡的方向不好

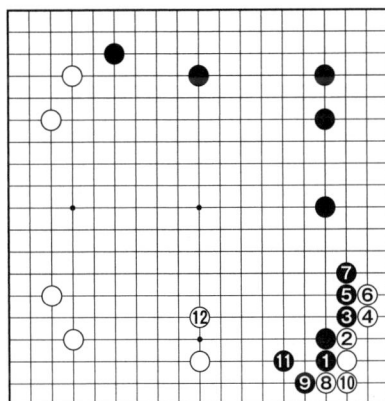

图1（答案）

黑方以△跨右边、上边做出大模样。由于不想被白棋入侵的是右边，黑1挡会是正确选择。对白2，黑方如果3至7加厚，黑棋模样便会壮大。

图2（失败）

黑方从1位一边挡则被白4、6侵入右边，黑棋模样变小。

同时，下边一旦遭白棋12位守备，黑棋的厚势将难以发挥长处。相比前一图，黑棋情势较差。

5 压

图1 棋子发生接触时的术语

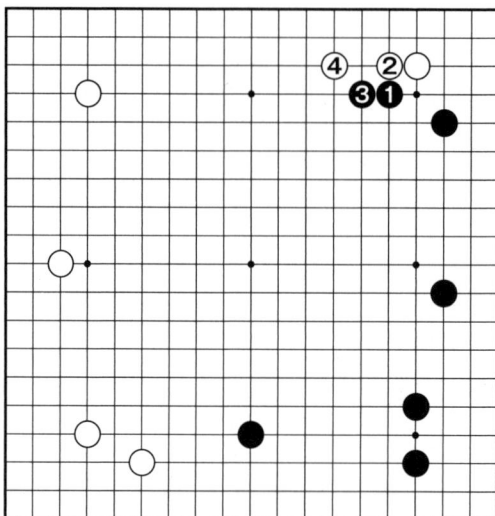

图2 以压来扩展右边的黑棋模样

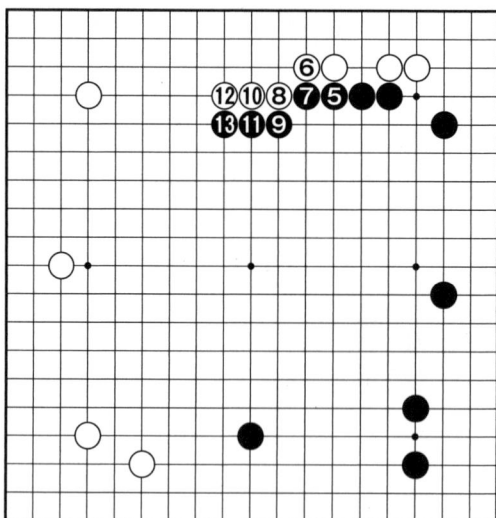

图1（较难运用的压）

紧跟住对方棋子行进并与其发生接触的着法称为"压"。它有时会是强力的好棋，但不得不说它有时也会成为反而巩固到对方的恶手，是种运用起来稍有些难的下法。本图的黑1是飞压，白2是爬。黑3由于在对方棋子之先前进，因此叫作长，白4则是跳。

图2（靠右边争胜）

黑5、7、11、13是压。这种下法虽在上边把地让给了白方，却扩展了右边的黑棋模样。

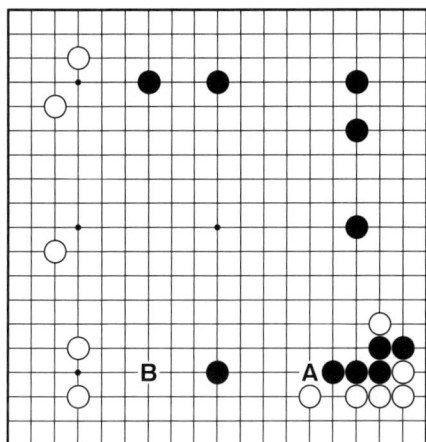

●黑先

黑棋下 A 位是压，下 B 位则是拆。在如此局面下应该选哪种下法呢？

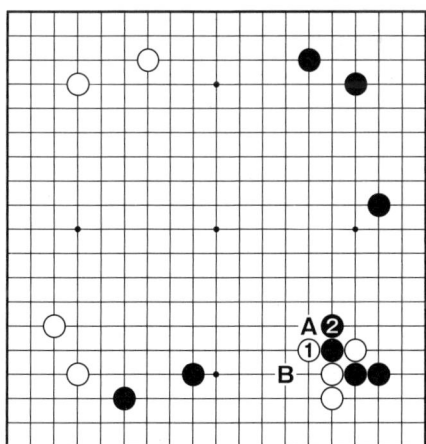

○白先

白 1 打不是很好的一手。在黑 2 长之后白棋若应，A 位和 B 位哪一处比较好呢？

图1　与⬤搭上线

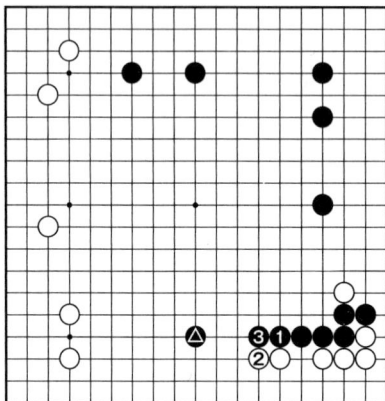

图1（答案）

　　只要黑1（A位）、3压，让右下角的黑棋和下边的⬤搭上线，以此壮大右边的黑棋模样就行。战斗形势明朗的时候，压是有利的下法。

图2（失败）

　　黑1（B位）的拆虽然是大场，可一旦让白棋2至6进军中腹，黑棋模样的规模就变小了。

　　白2说来也是压。

图2　被分断模样就变小了

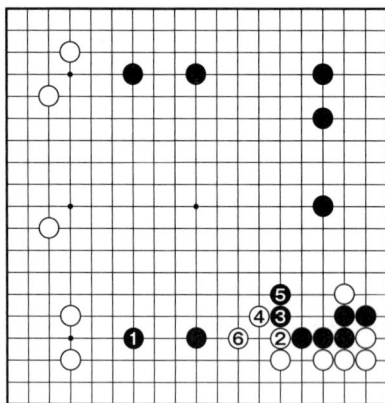

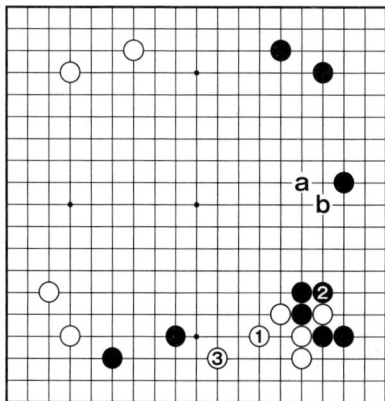

图1 冷静地做出根据

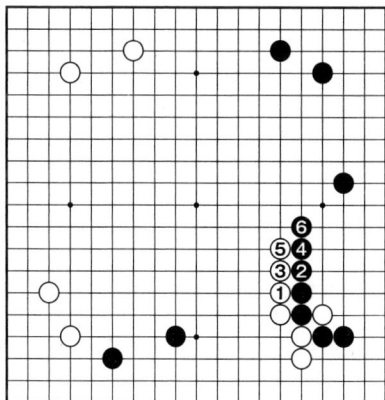

图2 后推车是愚形

解答8

图1（答案）

此处，以白1（B位）虎整形是正确答案。由于黑方也不过就会2位防守，白棋可以3位保下边的根据，右边则以白a**镇**或者白b肩冲等留下对黑方侵消的余地。

图2（失败）

白1（A位）、3是被称为"**后推车**"的愚形。被黑2、4长出会大幅加固右边的黑地，而下边的白棋根据也将不稳定，眼看会遭到攻击。

6 顶

图 1　与对方进行接触的顶

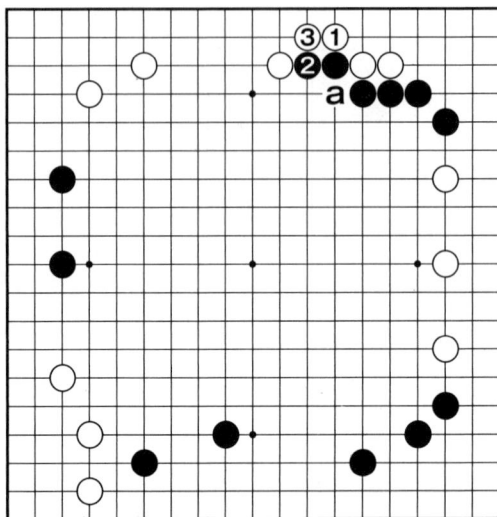

图 2　使用无弱点的接

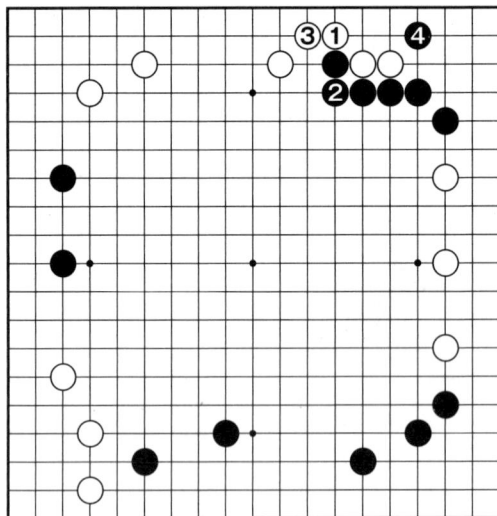

图 1（顶要小心）

　　"顶"是对处于己方行进方向上的对方棋子主动进行接触的着法。发展成恶手的情况也较为多见，是很难处理的一种下法。

　　白 1 后的黑 2 顶是常见的恶手。随后白棋 3 位得以联络，黑棋却没能守住 a 位的断点。

图 2（接上才是正确的棋形）

　　对白 1，黑 2 的接是正确应手。白 3 渡过时黑 4 守角，黑棋无弱点。

●黑先

白 1 点三三时黑棋 2 位挡。对白 3 的爬，黑方要下 A 位还是 B 位？

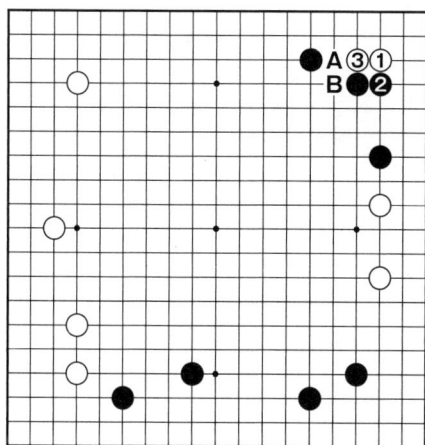

●黑先

图示右上星位黑子刚被白 1 托住。对黑方而言，A 位挡和 B 位顶，哪种下法更好呢？

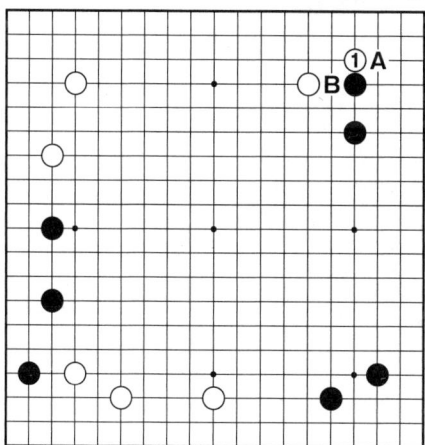

图 1 以顶严厉地进行封锁

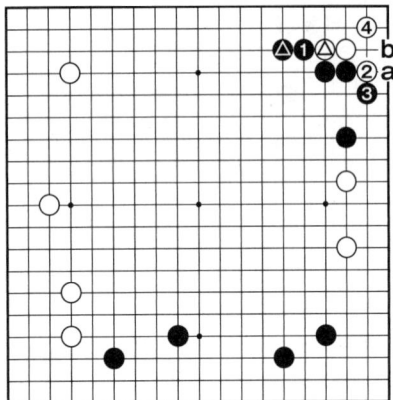

图 1（答案）

这种情况下，由 ⚫ 朝着 ⚪ 行黑 1（A 位）顶是正确选择。黑 1 能够牢牢封锁住白棋，因此白方除了下 2、4 以外别无他法。接下来黑方要是下 a 位则白 b 成劫。

图 2（失败）

要走成封锁白棋的形状，黑 1（B 位）长太缓，因而会让白棋 2 位尖存活下来。黑方就算 3 位挡，白棋 4、6 位确保角上实地便可净活。黑 1 长一手太天真。

图 2 白棋净活

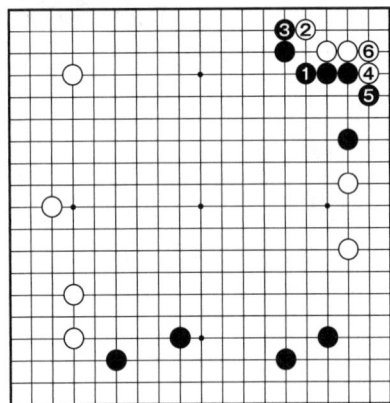

图 1 　看重角上的黑地

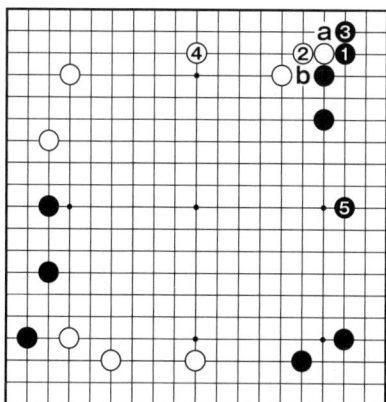

图 2 　使白棋变强的恶手

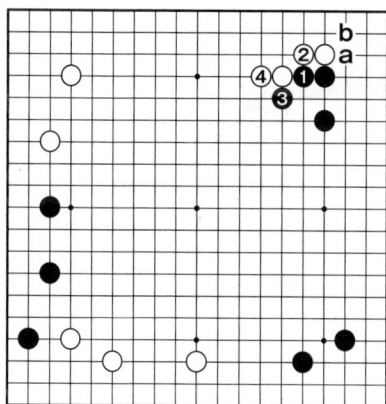

图 1（答案）

以黑 1（A 位）挡守住角上黑地是正确应对。白 2 退时黑 3 立，白 4 则黑 5，如此可告一段落。白 2 要是改 3 位扳，则黑 2 位、白 a 位、黑 b 位，黑方分断白棋取得优势。

图 2（失败）

黑 1（B 位）顶则遇白棋 2、4 应，这是加固白棋的恶手。角上黑 a 时，白 b 扳的应手也得以成立。黑方在右边上的势力相比图 1 较弱。

图1 从棋盘边缘一侧紧压着对方行棋叫作爬

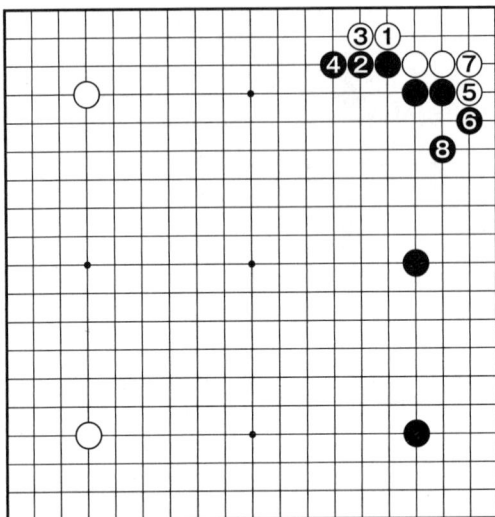

图2 二线为败线

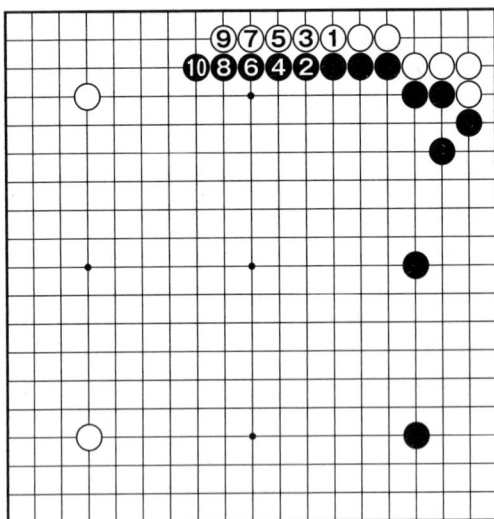

图1（爬）

图示为白方点了星位黑子的三三的定式。白1、黑2后的白3叫作爬。爬与压虽然感觉很像，但从棋盘边缘一侧紧压着对方行棋要改叫作爬。

图2（二线为败线）

在第20页我们就曾说过，除非必要，在序盘阶段爬二路会是恶手，还提到了有"二线为败线"这样的格言。本图白1至9皆为爬，而越是爬，白棋情况就越糟。

●黑先

　　右上角的变化稍微偏离了定式。黑方接下来要下 A 位还是 B 位？

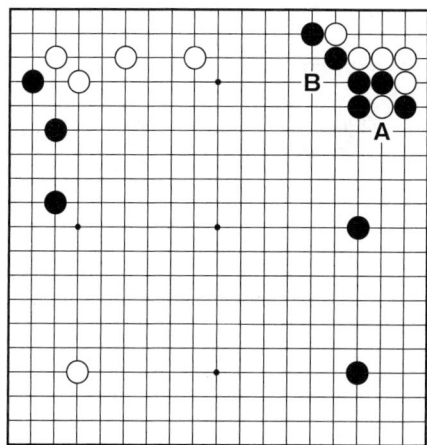

○白先

　　白方正准备攻击左下角的黑棋。白方需从 A 位还是 B 位发起进攻？

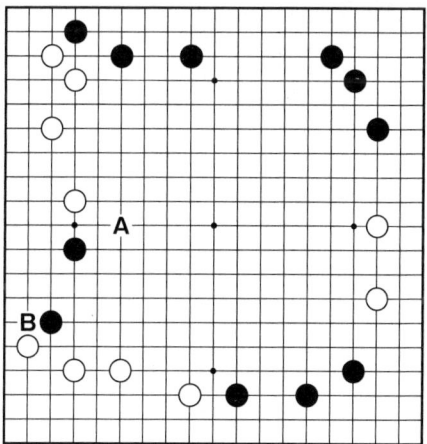

图 1　重视右边至下边的黑棋模样

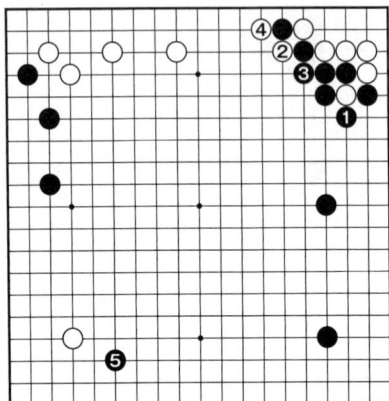

图 2　爬二路的损失很大

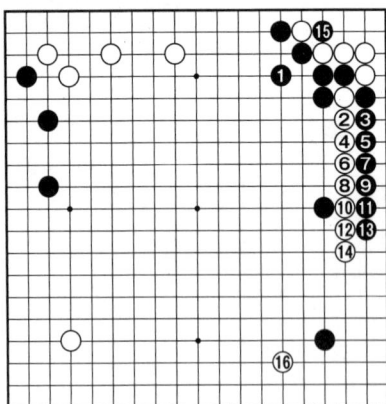

图 1（答案）

　　为避免走二路爬，黑 1（A 位）拔是正确选择。被白 2、4 夺走上边影响较大，但只要行黑 5，跨右边至下边扩大模样，黑方也会有足够的收获。

图 2（失败）

　　若是黑 1（B 位）虎后黑 3、5 爬二路，可以吃掉角上的白棋。然而二路爬出很多手，其损失会很大，致使黑棋失败。让白方转到 16 位，右边到下边的黑棋模样就此消亡。

图 1　夺去对方根据的爬

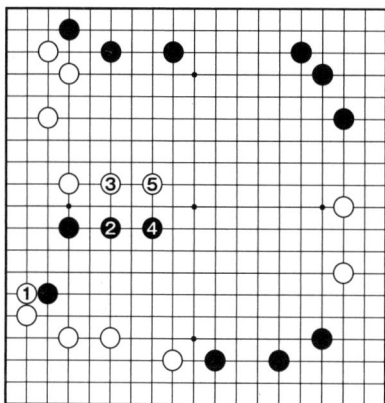

图 1（答案）

　　多数时候序盘爬二路并不好，但像白 1（B 位）这样能夺去黑棋根据的情况下，爬则会变成价值很大的一手。对黑 2、4，白棋 3、5 位进攻，自然就能牵制上边的黑棋模样。

图 2　相比图 1 发展，黑方更为轻松

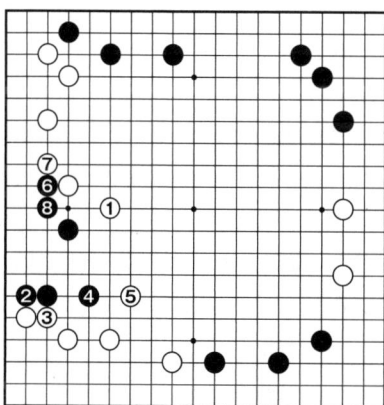

图 2（参考）

　　白 1（A 位）小飞从上方进攻，会让黑棋 2、4 至 8 在左边做出根据。这样的情况倒也不能说白棋不佳，但前一图的下法黑方会更难招架。

图1 跳与拆

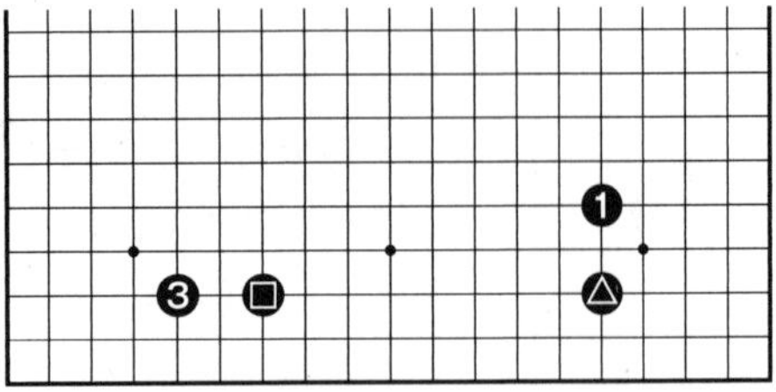

图2 跳的种类

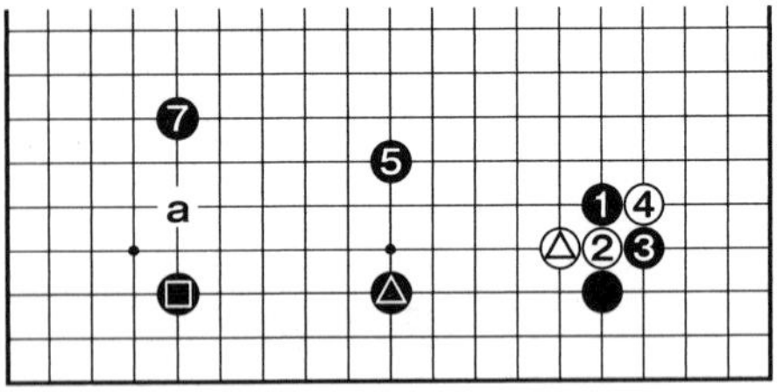

图1（一间跳）

黑1自⚫隔一路下出，这样叫作一间跳。**一间跳**可以说是实际对局中最常用的下法了。

黑3也是相对于⚫的一间跳，不过它是贴近并平行于棋盘边缘下出的，得说成是拆一。三路上，由于拆二也能达成联络，拆一多数时候会是效率稍差的下法。

图2（联络与效率）

一间跳这种下法，虽不彻底但也能保证棋子间一定程度的联络。跨过⚫下出的黑1，由于会被白2、4简单地分断，故而不能叫作一间跳。有⚫在附近时，黑1应该改下在2位。

相对于⚫的黑5叫作二间跳。根据盘面情况虽会有所不同，但黑棋两子多少保有一定的联系，因此也会被称作跳。

相对于⚫，黑7则通常不会被说成三间跳。这是由于一旦被白棋插进两子之间的a位，联络轻易就会被断开。

一间跳之所以常用，是因为棋子间的联络相对较强。同时比起长，它又能以更高的效率对棋子进行调配。

9 小飞

图1 经常用得到的小飞

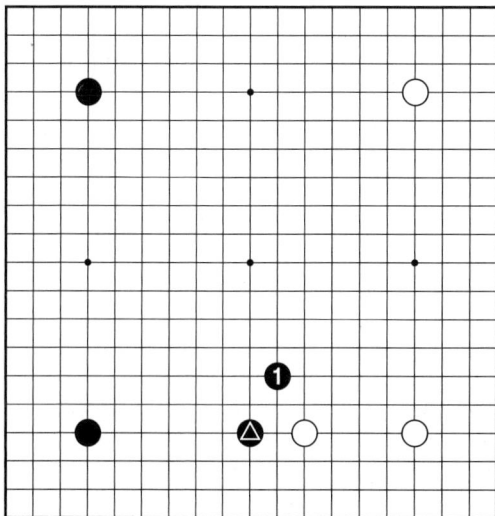

图1（小飞）

相对于 ⬣，黑1叫作**小飞**。小飞两子之间的位置关系就像将棋中桂马的走法（编注：与中国象棋马的走法类似）。

小飞与一间跳同样，都是极为常用的下法。

图2 小飞留给对方跨的应手

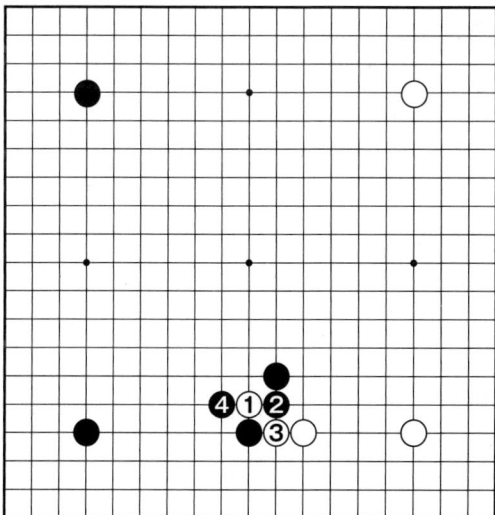

图2（跨）

虽说有白1"**跨**"的应手，但黑棋2、4可以征吃白1。不过，在征对白方有利的情况下，小飞留给白方的1位跨就会是有力的反击。

10 小飞和一间跳的区分运用

图 1　一间跳逃得快

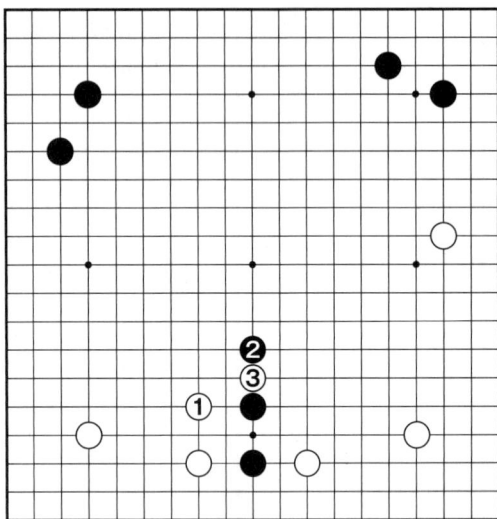

图 2　强行挖会失败

图 2　强行挖会失败

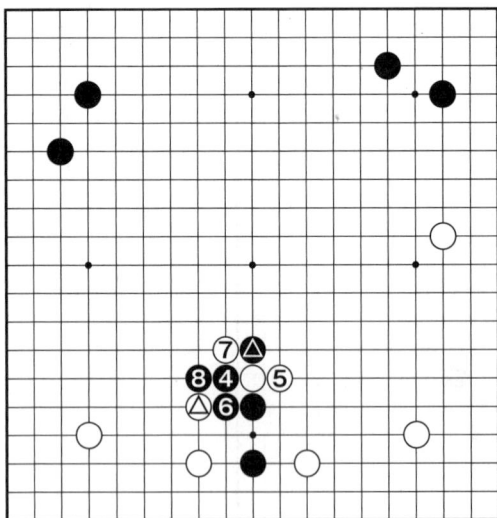

图 1（逃子一间）

　　遭白 1 进攻时，可以黑 2 一间跳逃子。被白 3 挖也没有必要担心。黑 2 如果 3 位长则逃得慢，有被白棋包围的危险。

图 2（被挖不可怕）

　　接下来黑棋如果 4 位打，白棋必定 5 位长，由是黑棋可以 6 位粘逃出生天。白 7 虽能够强行断开⬣，但因为黑 8 时△也要肉疼，白方进攻将以失败告终。

10 小飞和一间跳的区分运用

图3　逃子时的小飞很危险

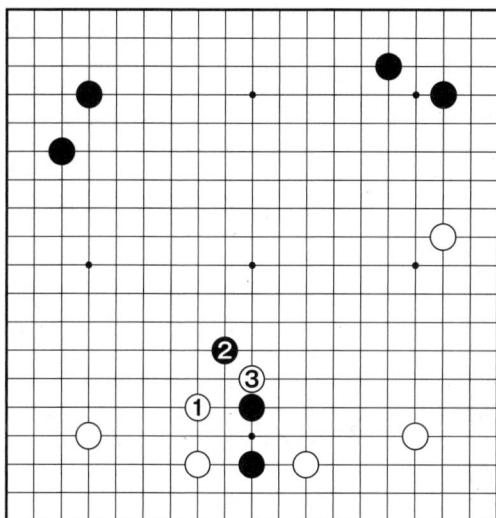

图4　征子白棋有利，黑棋支离破碎

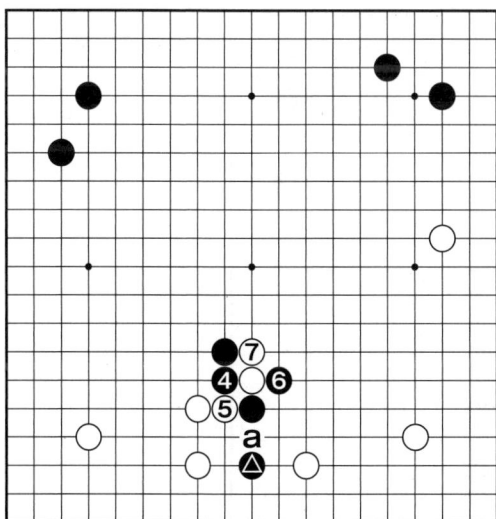

图3（小飞薄）

　　应白1的攻击，黑2小飞的联络就显得薄弱。这样下行不通，会被白3跨。

　　有条格言叫**"攻飞逃跳"**，逃子时下出的小飞很危险。

图4（黑棋支离破碎）

　　接下来，因为黑4至6的征子不能实现，让白7逃掉则黑方棋形破碎陷入苦战。随后被白a一打，▲还留下了会遭到分断的空隙。本图的黑棋情况糟糕。

10 小飞和一间跳的区分运用

图5 在白棋势力范围内的战斗

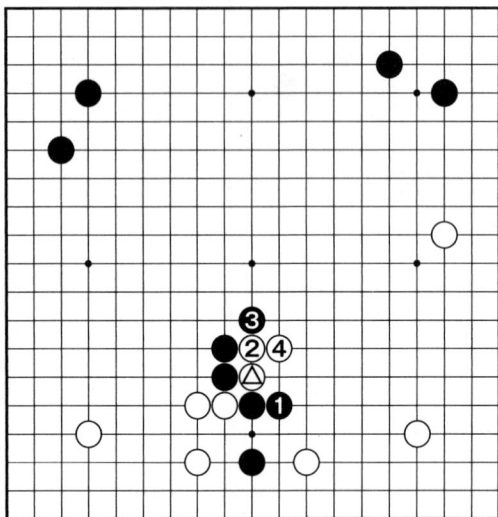

图5（黑方苦战）

前一图的黑4若是改1位退，则下边没有对方可乘之机。但让白棋2、4这样露骨地采取行动，黑方显然也会陷入苦战。因为黑棋吃不掉△，故而会被拖入于己不利的战斗。

图6 如何进攻？

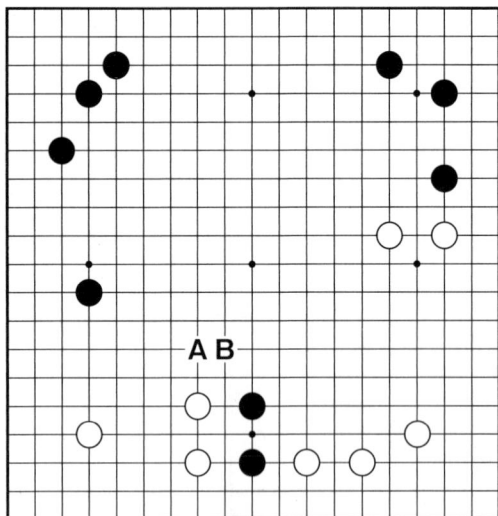

图6（攻击方法）

那么再来看白先的情况。

要攻击下边的黑棋，白方是下A位还是B位好呢？

记住，攻飞逃跳。

10 小飞和一间跳的区分运用

图 7　以小飞限制黑棋的逃生方向

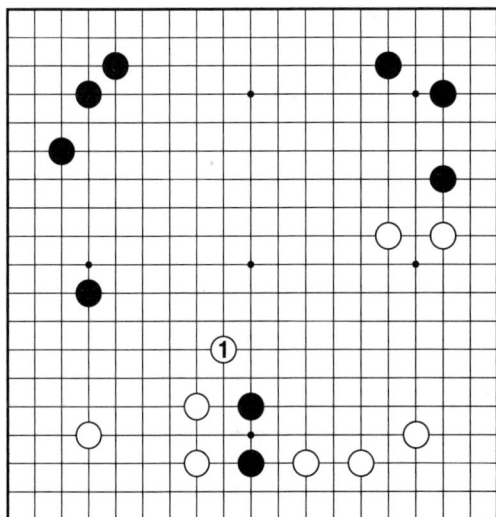

图 8　以进攻在各方面获益

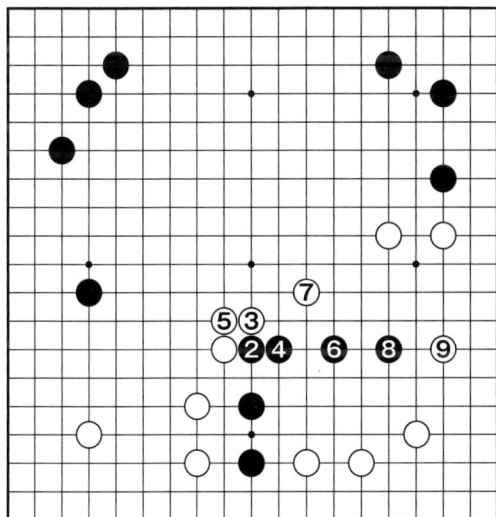

图 7（攻飞）

　　应该借白 1
（B 位）小飞来
攻击黑棋。

　　以白 1 小飞
来追击，可以使
黑棋的逃生方向
变窄，从而将下
边的黑棋驱赶进
白棋的势力范围。

图 8（封锁黑棋）

　　对黑 2，白
棋 3 位扳，将黑
棋赶往右方。白 7、
9 一边包抄一边攻
击，则能比较容
易地将右边转化
为实地，也能够
牵制到上边和左
边的黑棋模样。

10 小飞和一间跳的区分运用

图 9　黑棋跨无理

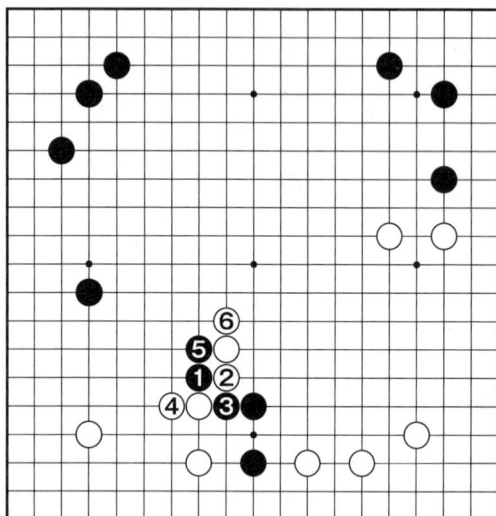

图 10　未形成攻击

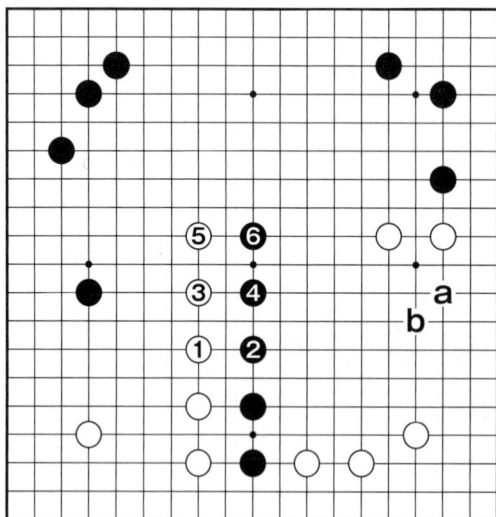

图 9（被跨不可怕）

　　由于下边是白棋的势力范围，黑1的跨不足以引起白方的关注。白2退、白4长，对黑5应以白6的话，下边的黑棋就会陷入单方面的苦境。黑1是无理的反击。

图 10（让对方轻松逃脱）

　　白1（A位）一间跳进攻则手软，会让黑棋行2至6轻松逃脱。这样一来，还很可能被黑棋在右边瞄住a位或b位等的反击。一间跳并不成为攻击手段。

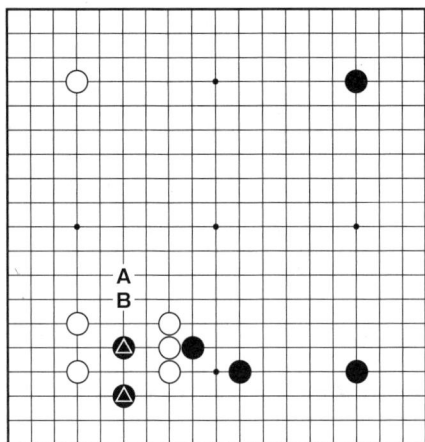

问题 13

●黑先

　　左下角发展成了双方的互角。想让 ⬤ 进至中腹，黑方是下 A 位好还是 B 位好呢？

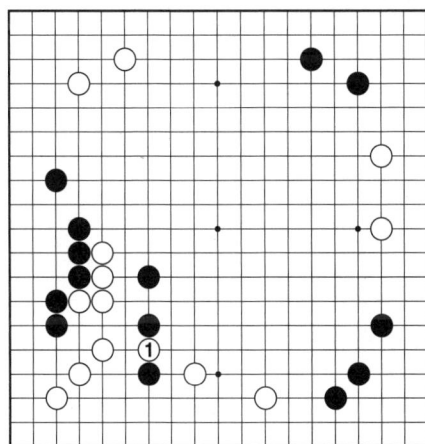

问题 14

●黑先

　　白棋刚从 1 位挖进来。这一手并不好，黑方要怎么应？

图 1　无法切断

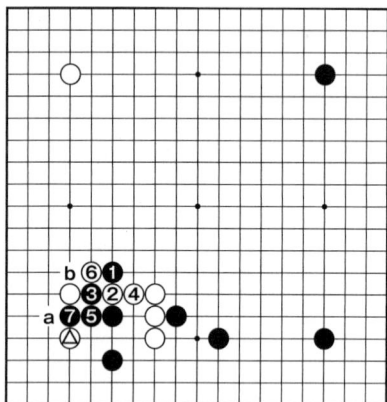

图 1（答案）

　　该题黑棋正该 1 位（B 位）一间跳进军中腹。对白 2 挖，黑方可以 3、5 应。白 6 时黑 7 冲出，接下来白棋要是 a 位则黑棋 b 位双打吃。由此可见白 2 无理。

图 2　二间跳的联络薄弱

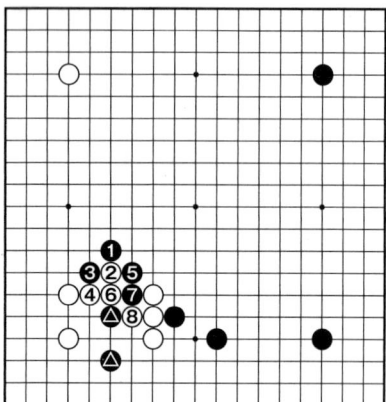

图 2（失败）

　　黑 1（A 位）二间跳则棋子间的联络薄弱，因而会被白 2 的靠分断，▲两子陷入苦境。感觉会受到对方攻击的局面下，还请特别注意好棋子的联络。

图 1　下边白棋式微

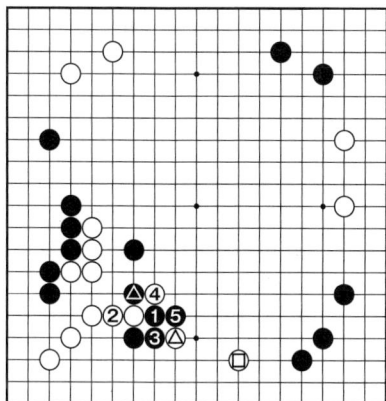

图 2　黑棋走向艰辛的治孤

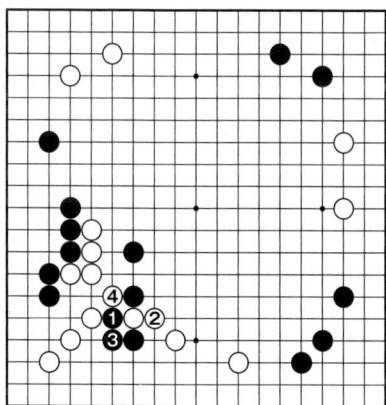

图 1（答案）

黑方要从 1 位一边打吃，应白 2 则黑 3 粘。▲虽然会因白 4 而被分断，黑方却能够 5 位出头削弱△。看情势还可以连同▢一起攻击到。

图 2（失败）

因左侧的白棋十分强劲，黑方从 1 位一边打吃的话会被白方 2 位长一手，黑棋陷入困境。接下来黑 3 与白 4 见合，黑棋无法在中腹出头，只得走向艰辛的治孤。

◎更多围棋术语⑥ 对局中的用语③

【终盘】

互角结束，双方地盘分界的大致情况基本确定下来之后的阶段。此时开始到终局就叫作终盘。

【官子】

指终盘阶段，双方本着尽可能得益的目的进行地盘分界线的确定。紧随中盘之后的阶段，一手导致的目数变动有时会相对较大，因此称为**"大官子"**；临近终局的阶段，一手只能改动较少目数的情况会变得很普遍，因此称为**"小官子"**。"大官子"与"小官子"的区分并没有明确的规定。

【无胜负】

现代的棋战中，互先贴目有"半目"的零头，不存在打成平手的情况。但是，双方在某种特定的形式下不断同形反复，从而无法决出胜负的情况也会出现。在围棋界，这种情况被称为无胜负。

无贴目棋战中，双方围地等大的情形称为"和棋"。

【单官】

仅能占据棋盘上一个交叉点的一手。是价值最小的棋。

【气】

棋子四邻的空交叉点。对杀时吃掉对方棋子所需要的手数也会被叫作气。

【补棋】

在对方很可能会采取什么手段的位置进行防守称为**"补棋"**。

【出入】

在官子阶段，会出现增加己方目数同时削减对方目数的棋。这样一手的价值用"出入8目"之类的说法来表达。而这样的目数计算方法称为**"出入计算"**。像**"扳粘出入两目起"**这样的格言，说的就是出入计算的官子价值计法。

●黑先

黑方正要进攻下边的白棋。黑 A 小飞和黑 B 一间跳之中，要选择哪一边？

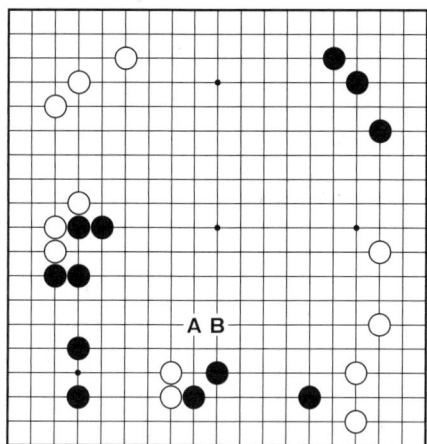

A B

●黑先

黑方准备逃下边的黑子。A 位小飞与 B 位一间跳，哪边比较好呢？

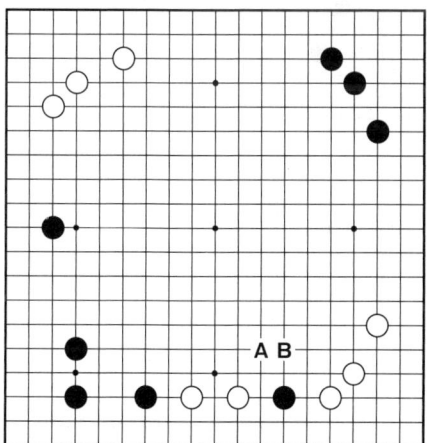

A B

图 1 用于进攻的小飞

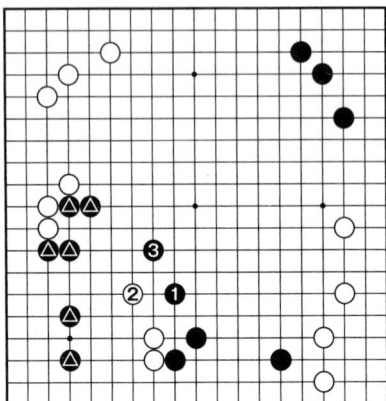

图 2 进攻手软

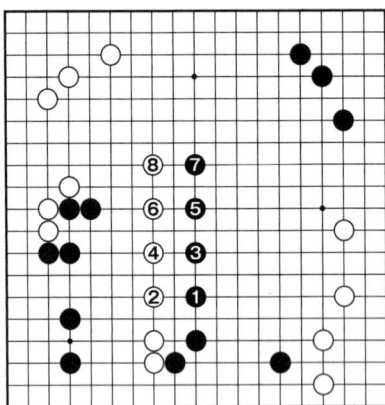

图 1（答案）

因为▲是强子，将白棋赶向▲的黑 1（A 位）小飞是正确的进攻方式。白 2 时黑棋可以 3 位封锁白棋。白棋看来单是做活就要大费一番苦功。

图 2（失败）

黑 1（B 位）、3 的一间跳则会让白棋 2、4 位逃掉。这样虽然也算种攻击，但多少有些手软了。就算吃不掉对方，至少也要封锁对方，这才是严厉的攻击。

图 1　快速逃跑

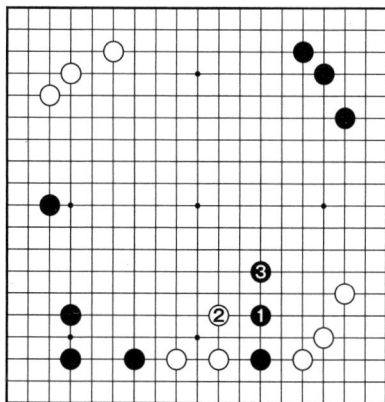

图 2　白 2 跨是严厉的反击

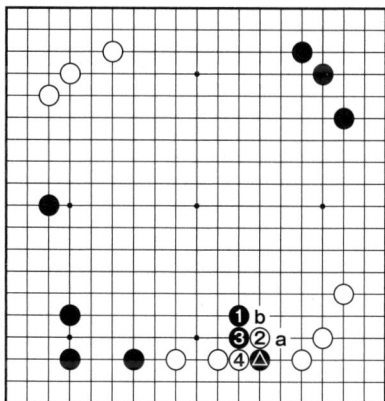

图 1（答案）

以黑 1（B 位）一间跳逃子是正确选择。因为右下处在白棋的势力范围内，此时不要恋战而应快速逃跑。黑方不是能够考虑进攻的立场。

图 2（失败）

黑 1（A 位）小飞一手虽然攻击了对方，但在此局面下，白 2 的反击会很重。就算想靠黑 a 征子，还是会让白 b 逃掉。▲应该会被吃掉吧。

⑪ 大飞

图1 大飞的位置

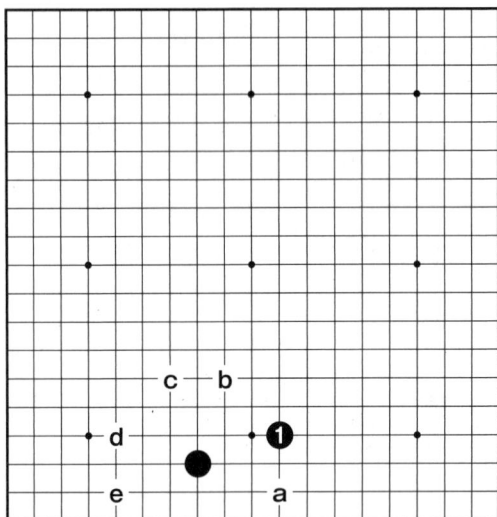

图2 大飞两子联络薄弱

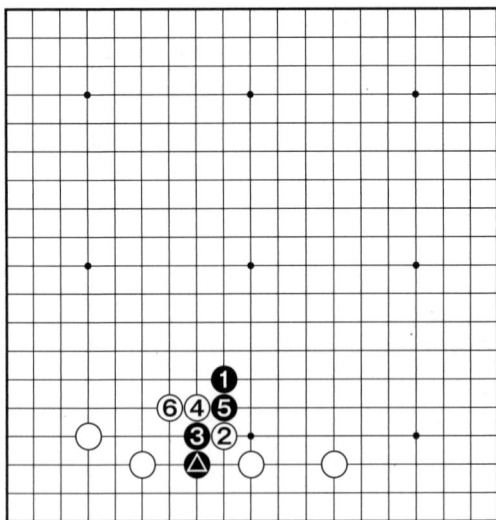

图1（大飞）

像黑1这样，在小飞基础上多前进一路落子的下法称为"**大飞**"。

除了黑1，黑棋下在 a～e 位也都叫作大飞。

图2（联络薄弱）

因为大飞两子间的联络薄弱，在对方势力较强的区域马上就会被切断。

黑方1位大飞来逃△的话，会被白棋2至6分断。

大飞

图 3　用于进攻的大飞很难掌握

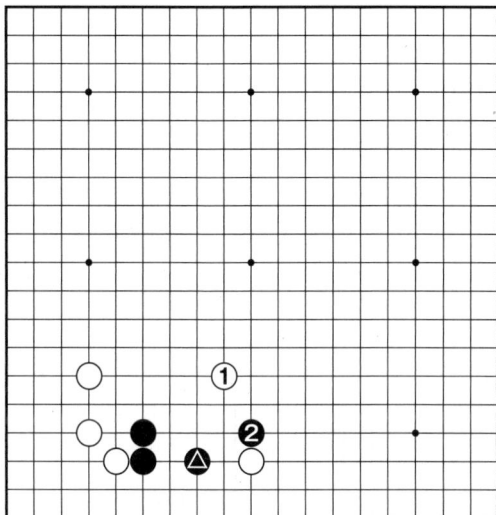

图 3（处理较困难）

在攻击对方棋子时，大飞是较难熟练使用的着法。举例来说，白方 1 位大飞攻击黑棋的话，也就留给了黑方 2 位压进行反击的余地，这样白方就变得很难展开进攻了。

图 4　大飞经常会出现的模式

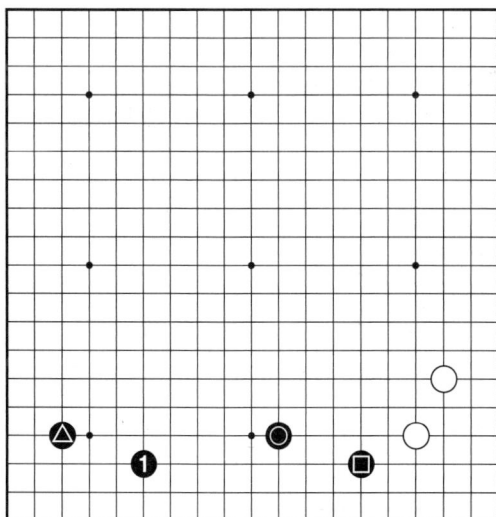

图 4（经常下在角上的大飞）

最经常下到的大飞，是像黑 1 这样的**大飞守角**。此时大飞并不显联络的薄弱，且比小飞更可能扩大角上的地盘。此外，■ 至 ◉ 的拆边之类的走法上，大飞也经常会用到。

12 尖

图1 尖适用于防守

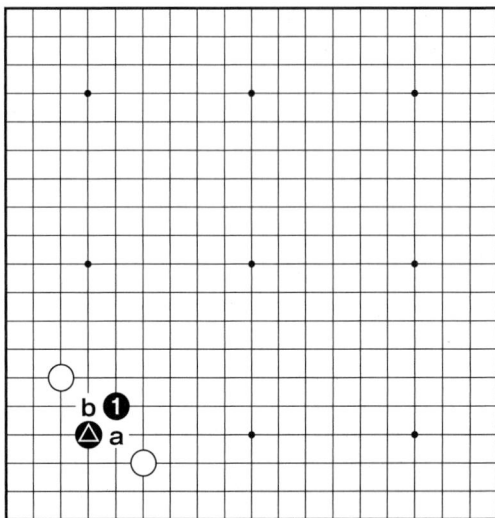

图1 尖适用于防守

图1（尖）

从▲到黑1，像这样在不接触对方棋子的前提下斜着进一路的着法称为**尖**。推进速度虽然慢，但白a时黑棋就下b位，白b时黑棋就下a位，两子间保有完整的联络，因此尖很适合用于防守。

图2 小飞不适用于逃子

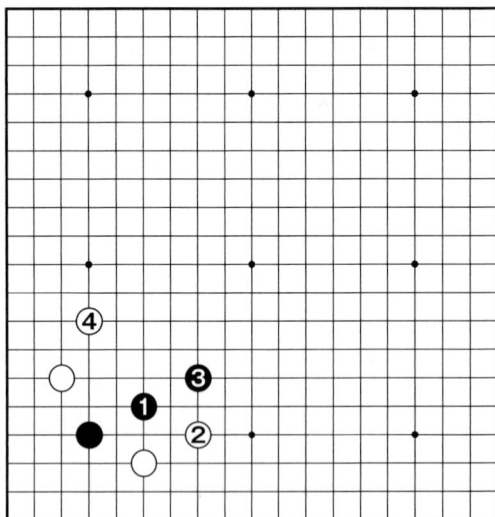

图2 小飞不适用于逃子

图2（小飞较薄）

黑方以1、3小飞逃子的话，看起来能很快进至中腹得以安心。然而实际上，小飞留有空隙隐含不安，并不适用于逃子。白方就在4位准备伺机而动。

12 尖

图 3　跨断是强烈打击！

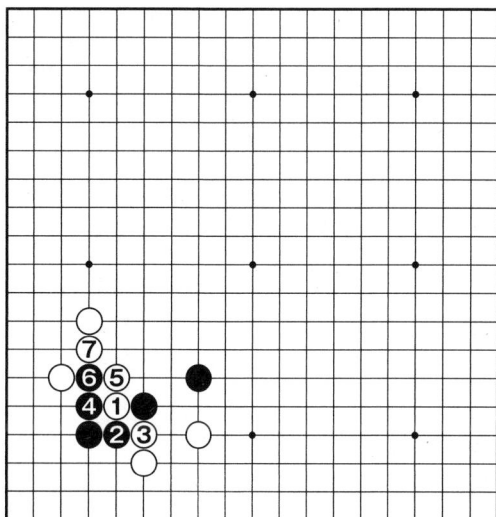

图 4　尖与扳的差别

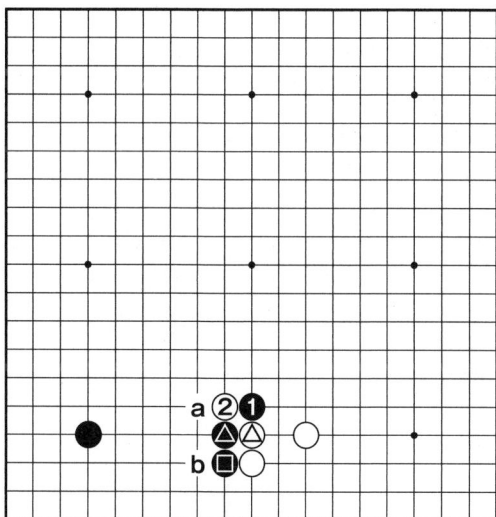

图 3（遭到分断）

　　黑棋一旦对前一图的白 4 脱先，就会被白 1 跨断。这样一来，图 2 中黑方下的 1、3 就没了意义。这种局面下，图 1 的尖才是坚实的好棋。

图 4（与扳的差别）

　　黑 1 也是自 ▲ 斜一路下出的棋，不过因为有 △，黑 1 要叫作扳。扳留有断点，因而存在被白 2 切断的危险。黑 1 时改下 a 位的话就是尖。此外，改下 b 位则因 ▣ 一子而变成曲。

13 象步

图1 黑1叫象步

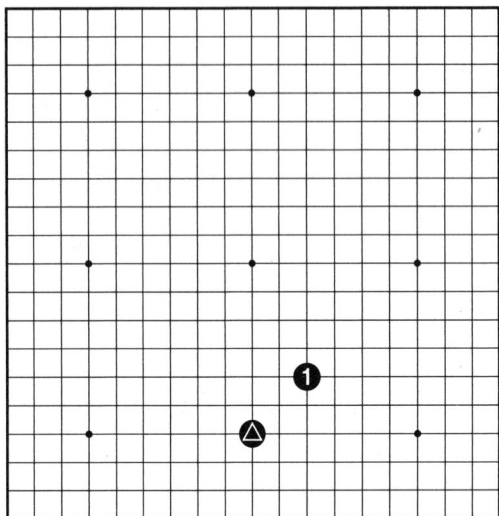

图2 象眼被穿则无法联络

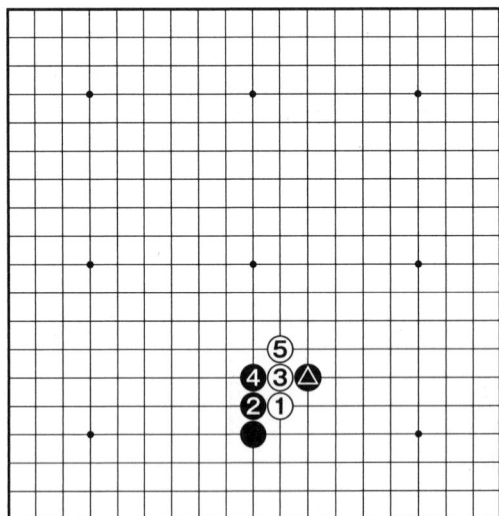

图1（象步易成恶手）

黑1自▲斜着隔一个交叉点下出，称为"**象步**"，也可以叫作"**飞象**"。这一手与▲之间的联动较差，是常常会发展成恶手的下法。

图2（白1是象步的弱点）

白1插进两子之间的着法称为"**穿象眼**"。一旦被白方下到这里，黑棋就算走2、4也没法和▲取得联络。因较难应对白1，▲多数时候不是太好的一手棋。

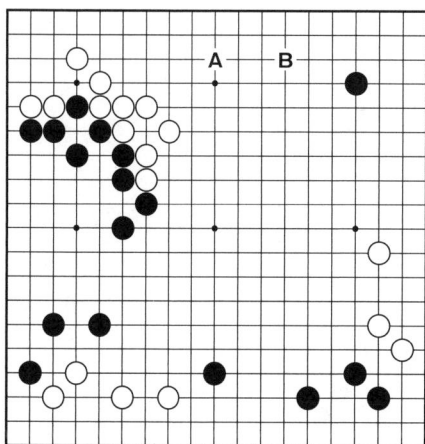

问题 17

● 黑先

这个局面下，如果要走上边的大场，黑 A 拆和黑 B 大飞守角哪个比较好呢？

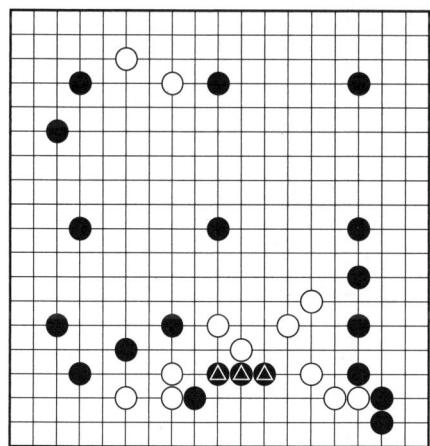

问题 18

● 黑先

在下边，▲三子就要被封锁了。请想办法让此处的黑棋成功逃到中腹。

图 1　不要靠近白棋厚势的影响范围

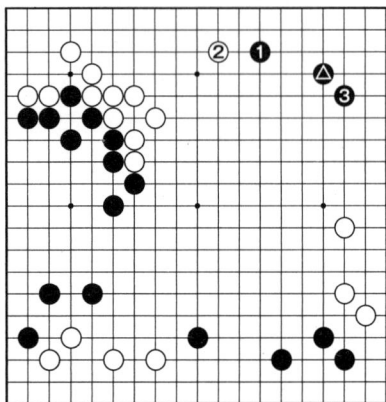

图 1（答案）

由于左上的白阵有极为强劲的厚势，靠近它会很危险。此时比较好的处理是，以黑 1（B 位）大飞守角保持同 ▲ 的联络，同时限制上边白棋的发展空间。应白 2，黑棋 3 位防守，这样就足够了。

图 2　一旦靠近白棋，严酷的攻击随之而来

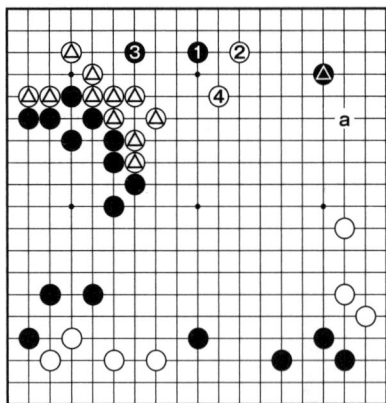

图 2（失败）

黑棋进至 1 位（A 位）就离 △ 太近了。遭白棋 2 位打入又 4 位攻击，黑棋陷入极为痛苦的状态。要是进而再被白 a 挂角，就连 ▲ 也变成了弱子。

解答 18

图 1　尖

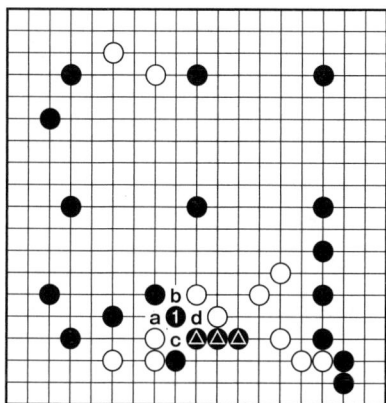

图 2　蜷无法突破包围

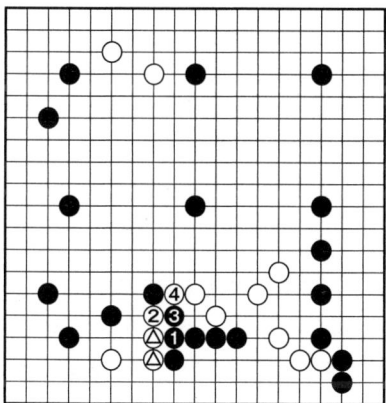

图 1（答案）

黑 1 尖可以在彻底保持联络的同时逃出生天。此后白方要是下 a 位则黑 b，下 c 位则黑 d。从对方的包围圈中逃离时尖要怎么下，这得好好记住。

图 2（失败）

黑 1 叫作**蜷**。此处因为有 ⚪，不存在逃往外围的出路。遭白棋 2、4 分断后，黑棋被封锁在了下边。要溜出白棋的包围圈，应该下前一图的尖。

◎更多围棋术语⑦ 对局中的用语④

【先手】

纵观全局，始终都很重要的一个行棋关键是要取得"**先手**"。盘上某一局部的攻防告一段落之时，如果是以对方的一手收尾，自己就能去下喜欢的其他地方。职业棋士不仅为了实利而下功夫，也会为了取得先手而考虑各种对策。

【后手】

与先手相反的是"**后手**"。因一些局部进行折冲而自行落于后手，这叫"退居后手"。

真正重要的防守步骤，是就算落于后手也不能省略的。

【脱先】

围棋中的"**脱先**"，应该多是用在表达正面的意思。

光是对对手下出的棋做出反应的话，最终肯定会落于后手。特别是让子棋的下手一方，经常不自觉地就会跟着上手行棋的节奏走。要是开始会想脱先转至其他大场了，也就意味着棋力变强了。

【权利】

盘上有些地方，自己下到的话，对手脱先会大损，而被对方下到的话自己却可以脱先。这样的地方就可以叫作是自己的权利。

简单来说的话，权利就是自己随时可以先手下到的地方。

【缓手】

"**缓手**"一词在围棋中是贬义。它与"**味道下丢**"意义相似，都是指在对方有漏洞的地方拱手让对方防守住的下法。举个极端的例子，在切断会很严厉的对方断点处，偏偏下了觑而让对方粘住，这就是缓手。

第 **4** 章　死活的基础

1 棋子的活与死

图 1　黑棋净活

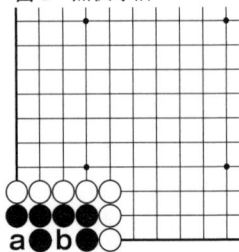

图 1　黑棋净活

一块棋"**活**"，是指它处于即便对方先下也不会被吃掉的状态。而相反，"**死**"说的是自己先下也一定会被对方吃掉的状态。

图 1（有两眼的活棋）

这块黑棋是活形。白方就算想吃黑棋六子，也没法去下在 a 位和 b 位。这里的 a 和 b 称为"**眼**"。有两只眼的棋即"**两眼活棋**"。

图 2　黑棋不会被吃掉

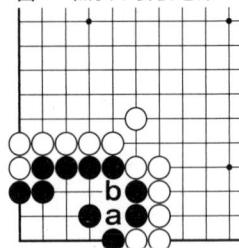

图 2（有实地的活棋）

这块黑棋虽然没有确实的眼，但因为它保有实地，故而是活棋。举例来说，就算被白棋下在了 a 位，黑方 b 位应就好了。只要正确应对白方下出的棋，这块黑棋就不会被吃掉。

图 3　以双活形式存活

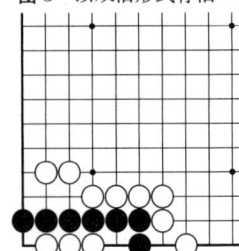

图 3（双活）

本图的黑棋既没有眼也没有地，但却以"**双活**"的形式最终存活下来。关于双活我们放到 180 页再讲。

图 4　黑棋死掉

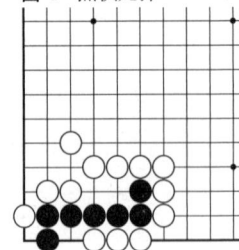

图 4（死子）

这块黑棋被白棋所包围，由于它既没有地，也没有做出两眼的余力，终究要被吃掉。因为这块棋会死掉，这些黑子就叫作"**死子**"。

2 假眼

图 1　两眼活棋?

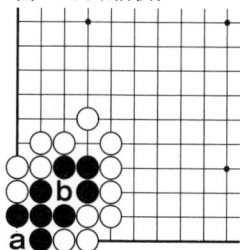

图 2　▲被打吃

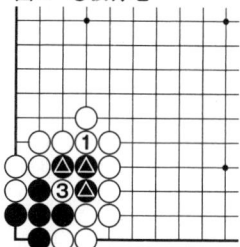

❷脱先

图 3　全部被吃

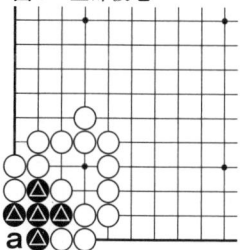

图 4　假眼毫无意义

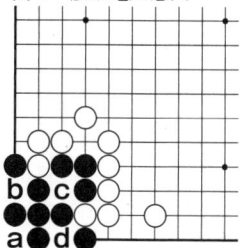

图 1（假眼）

这块黑棋，乍看上去在 a 位和 b 位各有一只眼，似乎是活棋。

图 2（▲被打吃）

然而，仔细一看就会发现，一旦让白棋下在 1 位，▲就只剩一口气，要被吃掉了。

图 3（黑棋被吃掉）

让图 2 的白 3 吃三子的话，进而▲全体也遭遇打吃，接下来再有一手白 a 就会全部被吃掉。黑棋实际是这样的棋形。

图 1 的 b 位空交叉点称为黑棋的**"假眼"**。假眼对活棋毫无用处，等同于不存在。

只有一只眼的棋，一旦周围的气像这样全部紧掉就会被吃，因而不是活棋。眼必须要有两只。

此外，在图 1 的状态下黑棋就已经死掉，白方也就没有像图 2、图 3 那样紧气吃子的必要了（仅限于外侧的白棋是活棋的情况）。

图 4（假眼有几只都没用）

这一图的黑棋也是死子。虽然 a 是完整的真眼，但 b、c、d 全都是假眼。假眼不管有多少只都起不了作用。

3 点杀

所谓"**点杀**"，是指将对手一定大小、形态的活动空间变得只够出一只眼的技巧，它是死活的基础问题。点杀根据对方地的大小、形态命名，有**直三／曲三点杀、丁四点杀、刀五／花五点杀、花六点杀**几类。地有 7 目以上的棋，除非存在断点等特殊情况，否则无法被一手处理成只能做一只眼的程度，点杀也就无从说起了。

能够下点杀的地的形状是固定的，请牢记下来。

图 1　直三／曲三点杀白棋死

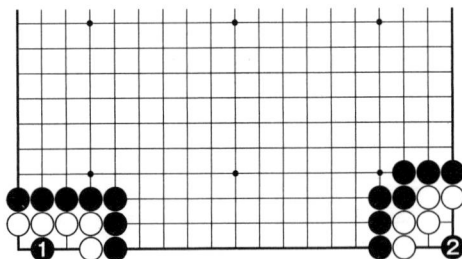

图 2　白棋两眼活棋

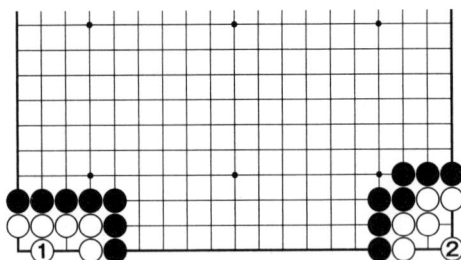

图 1（直三／曲三点杀）

黑 1 和黑 2 分别是**直三点杀**和**曲三点杀**。白棋 3 目的空间，被黑棋这么一走就只能做一只眼了。白棋已经被包围，也无法再另做出眼来，故而最终死掉。

图 2（白方下到则两眼活棋）

如果白方下了 1 位和 2 位，白棋就是两眼活棋。在生死攸关的攻防中，用作最后必杀一击的手筋就是这里所说的点杀。要好好记住相关知识点。

同时，要介绍的另外几种黑方点杀，反过来被白棋下到的话也都能够做出两眼。

3 点杀

图 3 丁四点杀白棋死

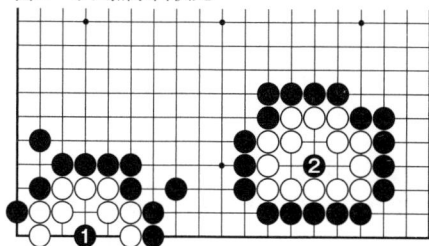

图 3 丁四点杀白棋死

图 4 刀五/花五点杀白棋死

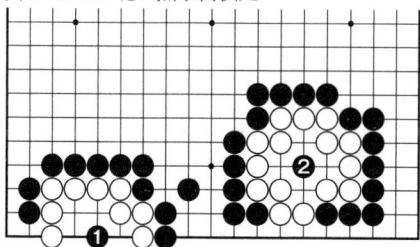

图 4 刀五/花五点杀白棋死

图 5 花六点杀白棋死

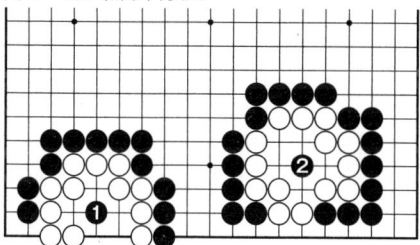

图 5 花六点杀白棋死

图 6 白棋已死

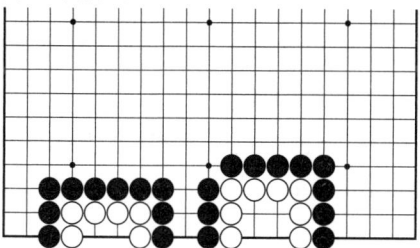

图 6 白棋已死

图 3（丁四点杀）

黑 1、黑 2 这样的叫作"丁四点杀"。

图 4（刀五 / 花五点杀）

5 目的情况，实战中出现的基本都是黑 1 形式的"**刀五点杀**"。不过十字形白地中的黑 2 也能实现点杀。

图 5（花六点杀）

黑 1 或 2 这样的是价值最大的点杀，称为"**花六点杀**"。

图 6（独眼的棋形）

这样的棋形，黑方就算不下点杀，白棋也只会有一只眼。

3 点杀

图7 只有一只眼的棋形

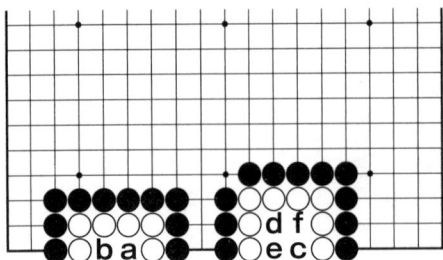

图7（白方先下也只是一只眼）

左侧2目的白地上，就算白方先下a位或b位也做不成两眼。请记好它是怎样变成独眼的。

另外右侧方形的4目白地也一样。若下白c便有黑d的曲三点杀，白e的话就会是黑f的曲三点杀，白棋因此无法做出两眼。

图8 用超过一颗的棋子进行点杀

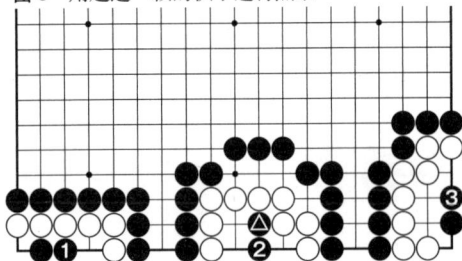

图8（实战中容易出现的棋形）

实战中，在白地内下有若干棋子的点杀形式也经常会出现。

黑棋1位，4目白地的中央有了两枚黑子，这样的情况白棋也只能做一只眼。黑方只要下1位，就一定能将白棋诱导向直三点杀的结局，因此这里的黑1也会被说做是直三点杀。

黑2也是点杀。❹是多余的棋子，黑方可以2位点杀刀五形白棋。

黑3这样的情况则是，本来无法被点杀的白棋，只要其6目地中摆进了超过一枚的黑子，也是会被挤压成独眼的。

由于一次性记下全部点杀技巧会很困难，我们可以先掌握住基础的棋形，然后再一点点补充记忆新的棋形。

4 活形

图1 直四活棋

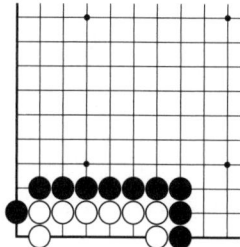

图2 见合活棋

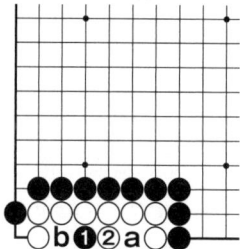

图3 曲四活棋

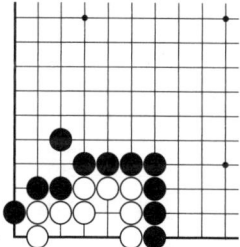

图4 见合活棋

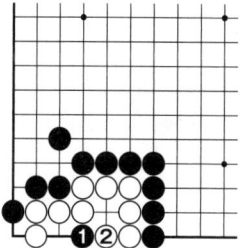

之前我们已经认识了能被点杀的棋形。而记住已经净活的**活形**也同样重要。

图1（直四活棋）

本图白棋的棋形可以叫作"**直四**"。这样无法被点杀的4目地，就算放着不管，最后也能做两眼。

图2（1位、2位见合）

黑方要是下1位，则白方2位应。由于白棋在a位有一只眼，在b位附近还会有另一只眼，因此黑方无法吃掉这块白棋。黑1要是改下2位则白棋1位，终究还是活棋。

图3（曲四）

本图白形叫作"**曲四**"。在做活己方棋子时，一下子要做出两只眼来会很难，因此我们可以先瞄准直四、曲四等活形去走。

图4（见合得两眼）

曲四的棋形下，应黑1可以白2做出两眼，而黑1改下2位则白1活棋。4目地，除了163页图3可点杀的丁字棋形和图6四方死形以外，只要不带断点或气紧的问题就是活棋。

4 活形

图 5　板六活棋

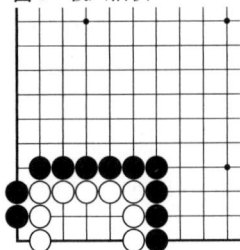

图 5　板六活棋

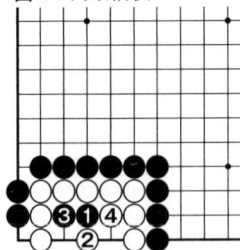

图 6　两眼活棋

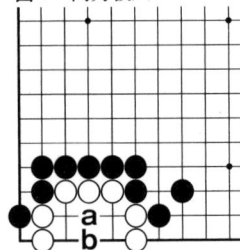

图 7　同为板六

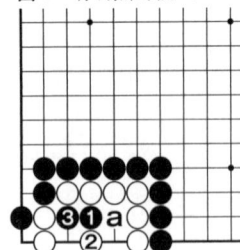

图 8　有弱点的板六

图 5（板六）

本图所示是被称为"**板六**"的棋形。这块白棋也是净活。

图 6（夹做活）

对黑 1，白 2 夹正好，黑 3 后白 4 得两眼。本图情况下，白棋是无断点的完整板六形状，因此即便白 4 脱先被黑棋下到 4 位，也会是双活。

图 7（出现在实战中的形态）

实战中经常出现的板六是像本图这样的形态。提及板六，一般也多是指本图的情况。白棋有两处断点，但黑 a 则白 b，黑 b 则白 a，总归还是会净活。

图 8（不完整的棋形）

活形的前提是"没有断点、气紧等弱点"。本图的白棋看着是板六的形状，但由于不仅有一处断点还气紧，黑 1 靠上白棋就死掉。究其原因，白 2、黑 3 之后，白棋不能去下 a 位。

棋形充其量只是提供一种大概的判断，实战中，根据情况进行计算是非常重要的。

4 活形

图1

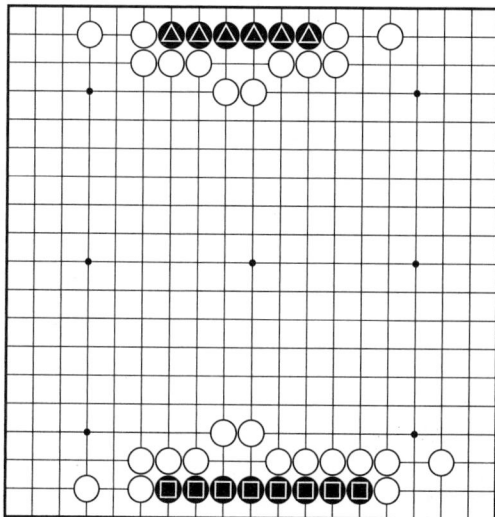

图 1（六死八活）

围棋有"六死八活"的格言。

上边的 ▲ 是六颗子，因此即便黑先它们也会死。而下边 ■ 是八颗子，就算白先它们也能活。六死八活的格言说的就是这样的内容。

图2

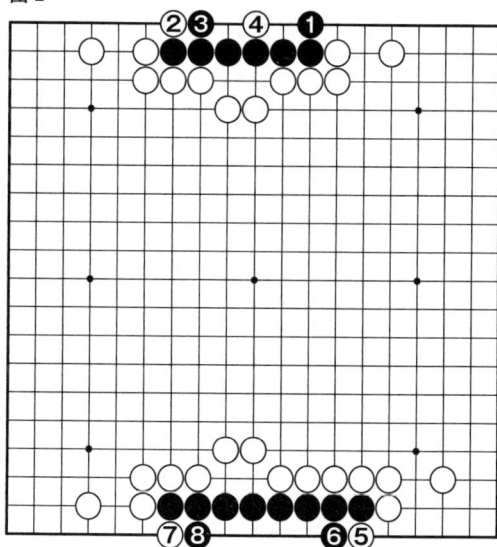

图 2（确认）

上边黑方下 1 位，但还是会被白棋 2 位缩小眼位而后 4 位直三点杀，黑棋死掉。

下边就算被白棋 5 位、7 位缩小眼位也会留出直四的黑地，因而黑棋存活。

4 活形

图3 黑棋是活棋吗?

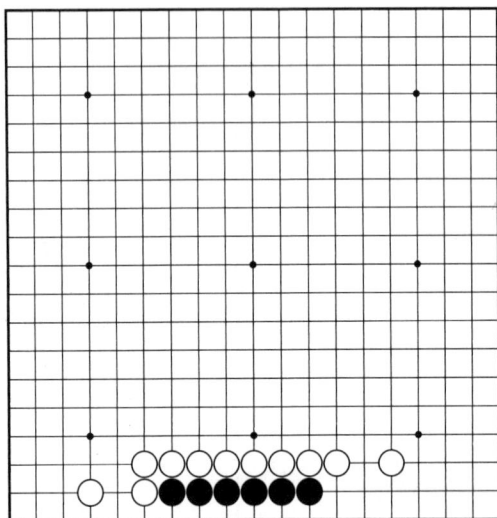

图4 有七颗子则黑先活

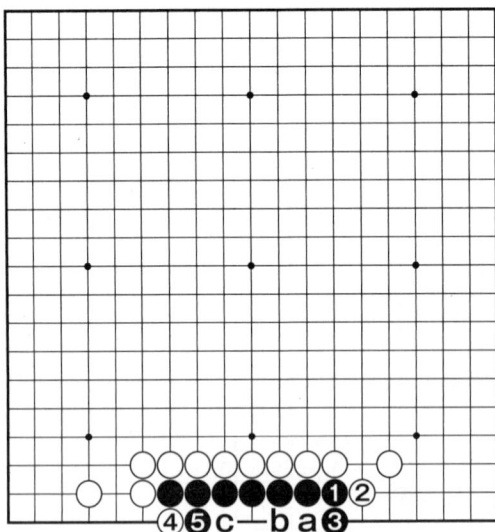

图3（判断）

接下来轮到黑方下。您认为下边的黑棋可能做活吗?

图4（黑先活）

表面看来黑棋是六颗子，但却可以黑1爬变成七颗子。有七颗子的话，只要黑棋先行3位扩展眼位就能够做活。

同是图3的状态，如果轮到白棋下，在本图1位挡上，结果就会是黑棋死。接下来要是黑棋4位挣扎，白a、黑b后白棋c位直三点杀。

168

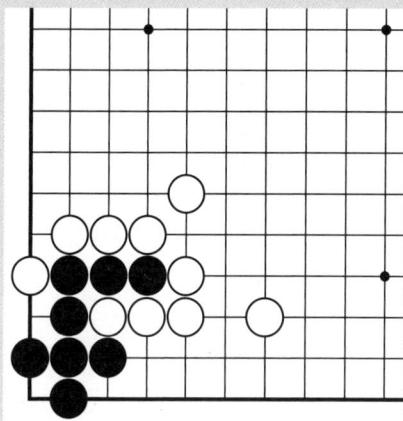

问题 1

● 黑先

角上的黑棋，若是黑方先行则能够两眼活棋。这在死活题中被称为"黑棋先手活"的问题。

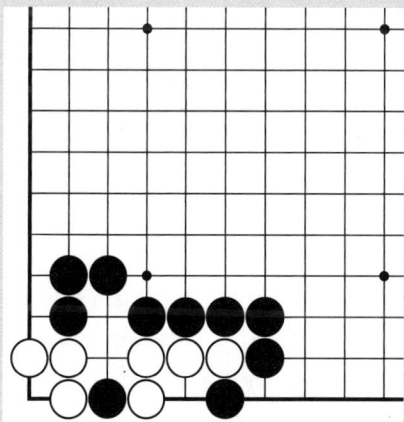

问题 2

● 黑先

黑方先行的话可以杀掉角上白棋。这是**"黑先白死"**的问题。

图1　扩大根据

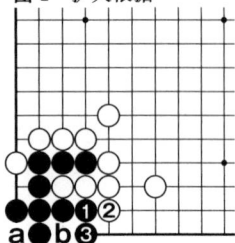

图1（答案）

由于黑棋在 a 位已有一只眼，b 位再做一只眼便可净活。

黑1扩开眼位是正确解法。白方要是下2位，黑方3位确保出两眼，黑棋净活。

图2　a位、b位出两眼

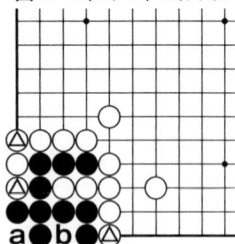

图2（两眼活棋）

就算下△，白方还是无法点进 a 位或 b 位。黑棋做活的手段唯有图1的黑1。像这样只有一个正确解法的题就叫作"**诘棋**"。而如果除黑1以外还有活棋的着法，就叫作"**死活**"。

图3　a是假眼

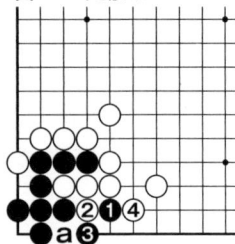

图3（失败1）

下黑1无法逃出包围圈外，a 位也会走成假眼。本图的黑棋将会死掉。

图4　破眼黑死

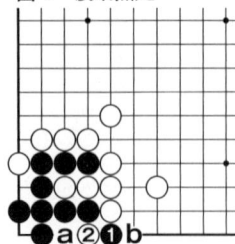

图4（失败2）

图1黑3时改下本图1位扳也会做活失败。白2是被叫作"**破眼**"的手筋，就算黑 a 提掉，2 位的提空也是只假眼，黑棋因此死掉。反过来，白方要是也大意改白2下白 b 的话，便会让黑棋2位做活。

解答2

图1 送吃两子

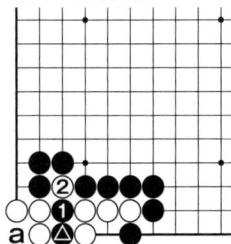

图2 白棋做不出两眼

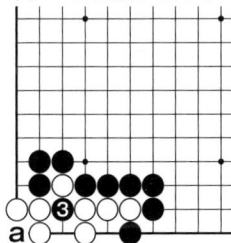

图3 白棋两眼活棋

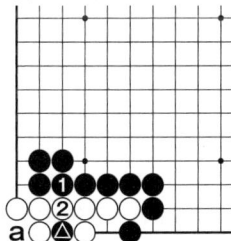

图4 白1重要

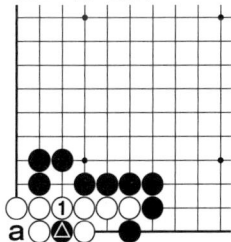

图1（答案）

白棋已经确保了a位的一只眼。所以不让白棋在▲的位置做出另一只眼很重要。▲无法得救，直接下黑1送两子让白2吃。

图2（答案的后续）

黑棋只要下3位，就可以夺去此处白棋的一只眼。只剩a位一只眼，白棋已死。

图3（失败）

要是没有图1中送吃两子的思路，会下出的应该就是黑1了。然而，白2吃▲的**提空**是一只完整的眼。加上a位就有两只眼，白棋因此净活。

图4（参考）

白方先行的情况，下1位就有a位、▲位完整的两眼，净活。

像图1那样故意增加子数送吃从而夺对方眼形的技巧，今后还会以各种各样的形式出现。记下这个思路会很有用处。

第4章 死活的基础 171

◎更多围棋术语⑧ 其他用语①

【职业棋士】

所谓职业棋士，是指将围棋、将棋等作为谋生手段的人。我们说"**围棋棋士**"，就是指专业下围棋的人。

在现今的日本，只要能通过日本棋院或关西棋院所实施的测试，就可以成为职业棋士了。除掉一部分例外情况，棋士都是从初段开始职业生涯。由于这个原因，成为职业棋士也叫作"**入段**"。

【七大头衔】

成为职业棋士的话，就可以在设置有奖金的官方头衔战中出场。而其中级别尤其高的七个头衔被统称为"**七大头衔**"，分别是棋圣、名人、本因坊、天元、王座、碁圣、十段。这七大头衔中，棋圣、名人、本因坊又被特别称作"**三大头衔**"。

【快棋】

七大头衔战的主办各由不同的报社或通讯社负责，因此也叫作"**新闻棋战**"。其对局的限时，短的也有 3 小时，进入到挑战手合阶段还会有限时长达 8 小时的对局。

与此相对，像"**NHK 杯**"里那样限时较短的棋局称为"**快棋**"。而 NHK 杯、龙星战等又叫作电视棋赛。

【国际棋赛】

像韩国、中国那样，在日本以外的国际世界，组建有职业棋士组织的国家还在不断增加。有各国代表选手参加的棋战叫作"**国际棋赛**"或"**世界赛**"。"**亚洲杯电视围棋快棋赛**"就是其中一例。

日本现在的围棋水平被其他国家压过一头，不过我希望始终致力于向世界展示日本棋士的实力。

●黑先

这是一道黑先白死的问题。请用点杀的形式将白地压缩到只能做一只眼。

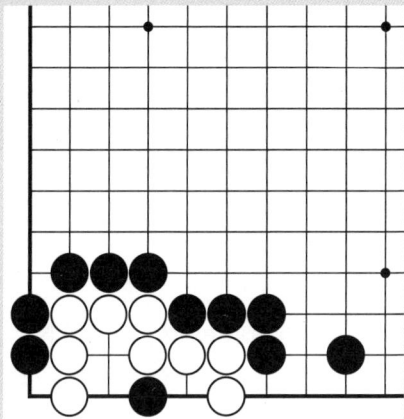

●黑先

黑先白死。黑方终究还是有办法点杀白棋。要是能在实战中发现正确解法就达到有段者的水平了。

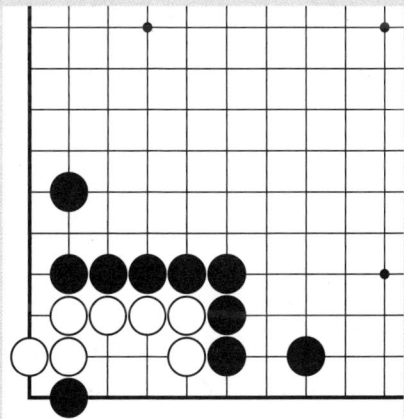

解答 3

图 1 白棋因点杀而死

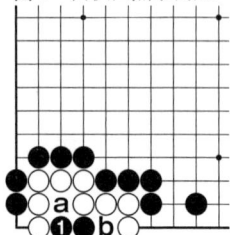

图 2 白 1 是急所

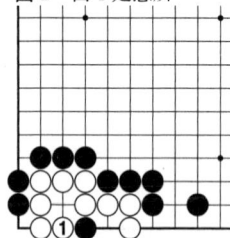

图 3 黑 1 无意义

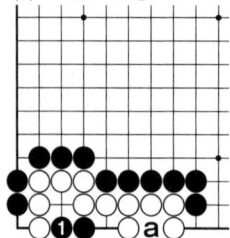

图 4 点杀要在封锁后

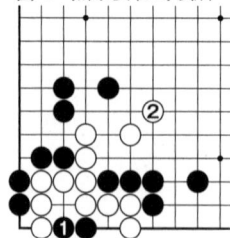

图 1（答案）

黑 1 所下的，是 4 目白地中有两枚黑子的点杀。这样一来因为白棋已死，黑方没有必要进行此后 a 位或 b 位的紧气。

图 2（参考 1）

本问图示中的情况下，如果白方先行下 1 位则可做出两眼。此处是急所。

图 3（参考 2）

一点题外话，所谓点杀，也就是将对手空间变得只能做一只眼的"手筋"。因为我们常说"××点杀白棋死"，似乎也就容易想成不管什么情况只要下点杀位置对方棋子就会死。但可以看到，本图的黑 1 却是无意义的。黑棋下 1 位虽然让这一局部的白棋成了独眼，但因为 a 位还有另一只眼，结果白棋净活。

图 4（参考 3）

此外，死活成为需要考虑的问题，得是在完成了对对方的封锁之后。像本图这样的状态，黑棋就算下在原本的点杀位置 1 位，要是让白 2 逃到中腹就全无意义了。

解答 4

图1　向刀五点杀发展

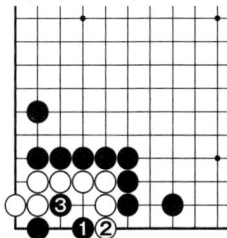

图2　白棋死而非双活

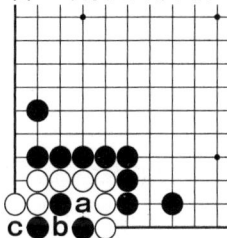

图3　白棋凭借双活生还

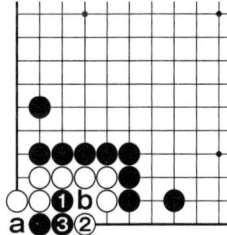

图4　黑方放跑机会

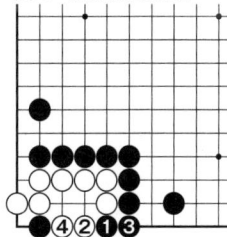

图1（答案）

就算是有段者，在实战中也很可能看漏黑1、3的手顺。黑方顺次下1位、3位能够对白棋进行刀五点杀。

图2（参考）

此后，白方a位则黑方b位，白c提吃而黑棋还是可以b位丁四点杀。黑方先行的情况由于是以黑b、黑a的手顺刀五点杀，此处不会双活。实战中，图1黑方走过1、3的状态下，白棋已死。

图3（失败1）

应黑1，白2是好棋。就算黑3粘上，这个棋形也是双活，白棋得以生存。此后黑棋a位则白棋b位，黑棋b位则白棋a位，由于提吃之后是曲四形，黑方不能点杀白棋。

图4（失败2）

实战中很容易平平无奇地下出黑1、3，从而放跑良机。白4后白棋净活。

◎更多围棋术语⑨ 其他用语②

【大三冠】

同时持有"**棋圣**""**名人**""**本因坊**"三大头衔就叫作取得了"**大三冠**"。

【大满贯】

七大头衔全都各获得过一次以上叫作"**大满贯**"。

【七冠】

同时持有全部七大头衔叫作"**七冠**"。在现在的日本围棋界，七冠乃是至高称号，至今尚未有任何一名棋士达成这项壮举。（编注：本书作者已于 2016 年完成此项记录。虽在同年失去名人头衔，但次年便再度七冠制霸。）

【挑战手合】

头衔保有者与"**挑战者**"争夺该年度头衔归属的对局称为挑战手合。三大头衔战采用七番胜负，除此之外的七大头衔战则是五番胜负展开争夺。出于这个原因，有时也把挑战手合叫作"**番棋**"。能下挑战手合，对棋士而言是十分光荣的事。

另外，新人王战等棋赛的最终决胜采用三番胜负，也是番棋形式。但它是不存在头衔保有者的淘汰赛，因此也就谈不上挑战手合了。

还有就是，女流棋战也会举办挑战手合。

【女流棋战】

指的是仅有女流棋士能够参加的棋战。**女流本因坊战**、**女流名人战**、**女流棋圣战**是三大女流棋战，实行挑战手合制。

【循环赛】

三大头衔的争夺中，一个环节是确定头衔挑战者的循环赛。组成循环赛的阵容，棋圣战为 12 人，名人战 9 人，本因坊战则是 8 人。

打进循环圈是很光荣的事。依现在的规定，六段及以下的棋士要是进了循环赛，就会直接升至七段。

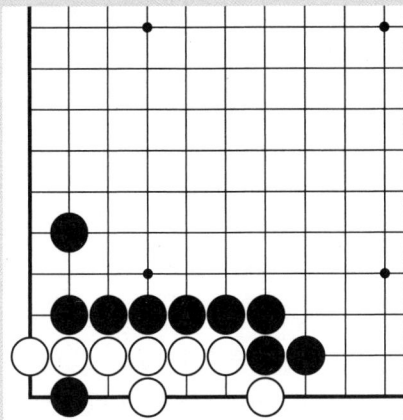

问题 5

● 黑先

请找出白棋的漏洞所在并杀掉白棋。

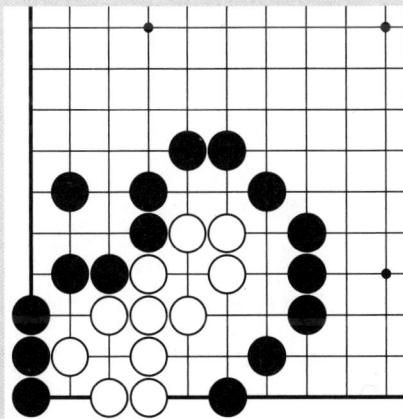

问题 6

● 黑先

白棋看上去是有两只眼，但仔细观察会发现它存在弱点。

解答 5

图 1　破眼会是手筋

图 2　白棋下成假眼

图 3　白 2 是急所

图 4　手筋组合

图 1（答案）

黑方 1 位行破眼手筋，白棋此处只剩下假眼。由于角上会是直三点杀，白棋已死。

图 2（答案的后续）

接下来哪怕白方 2 位提掉，按这个棋形迟早黑方下 a 位，⚪就面临打吃，因而此处是个假眼。这就是图 1 黑 1 破眼的效果。

图 3（失败）

黑 1 从外侧打吃的情况，白方下 2 位则 a 位会成为完整的一只眼，因此白棋得以存活。而且，题目中的图要是轮到白方下，照旧驻守到本图 2 位就会是白棋活棋。白 2 一处是事关 a 位眼的急所。

图 4（参考）

本图也是求解黑先白死。黑棋 a 位送吃两子，白 b 后，黑方 a 位破眼，白棋由此死掉。这样的处理方法，结合了第 2 问中学过的送吃两子的手筋以及破眼的手筋。实战中，这样结合两类手筋进行使用的情况同样相当常见。

解答 6

图 1　让 a 位变成假眼

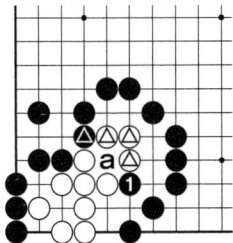

图 2　紧气后的情况

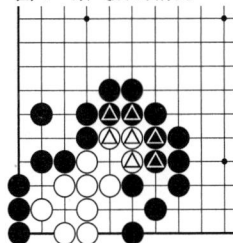

图 3　a 位下成真眼

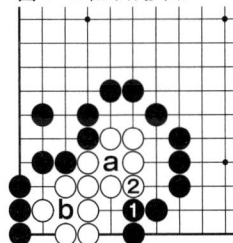

图 4　黑方弄错目标

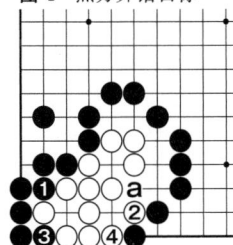

图 1（答案）

白棋不完整的眼是在中腹那只。只要黑方下 1 位，就可以借◮和黑 1 的作用打吃◿三子，因而这是个假眼。

图 2（参考）

只要黑方什么时候在◮位置紧气，就能够打吃◿三子。并且，白棋一方是无法防止事态如此发展的。

图 1 的状态下，还没有紧白棋的气，但就这样 a 位也已经是假眼。

图 3（失败 1）

黑 1 没下到急所上。让白棋 2 位一应，a 位就成了一只真眼。由于在 b 位也有眼，白棋到此净活。

图 4（失败 2）

黑方 1 位瞄准左侧的眼，则白 2 会是一步好棋。虽然黑 3 能制造假眼，但白棋下 4 位就有了两只眼。白 2 改下 3 位则会被黑 a 逼出假眼，白棋死。

5 双活

图 1 双活

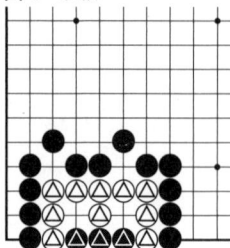

图 1（双活）

在 160 页图 3 的部分也稍微做过介绍，死活的其中一种形式叫作"**双活**"。本图的●和○是双活的关系，双方都无法去提走对手的棋子。就这样两边都得以存活。

图 2 曲四活棋

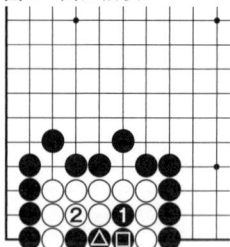

图 2（黑方无法出手）

黑方要去吃白棋就必须下 1 位等处紧气，可一旦被白 2 提掉，就会让白棋得出 165 页图 3 讲过的曲四形地。接着应黑●白方下■位，该处转为白棋净活。

图 3 仍旧成曲四

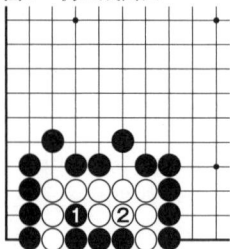

图 3（白棋净活）

黑方从本图 1 位一侧紧气也一样，让白 2 提吃后照样是曲四形。因为黑方无法点杀白棋，下图 2 或图 3 的黑 1 都还是会被白方吃掉。

图 4 直三点杀白棋死

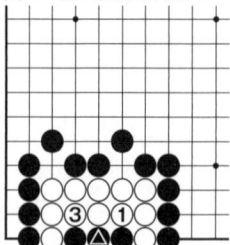

❷脱先❹点杀（●）

图 4（白方也无法出手）

白方先行下 1 位、3 位的话可以吃黑棋三子。然而，一旦像这样提了三子，就会被黑方点●位挤至只剩一个眼位，白棋最终死掉。因此，白方也同样无法对黑棋出手。

5 双活

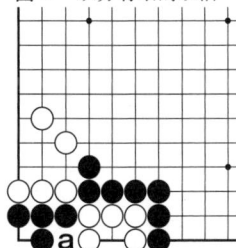

图 5　对杀中的双活

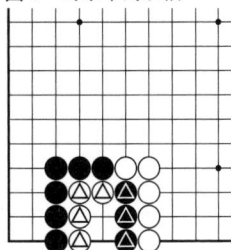

图 6　紧气就会被吃

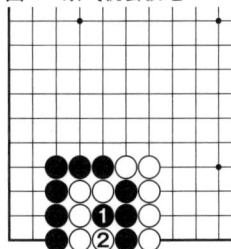

图 7　白方情况相同

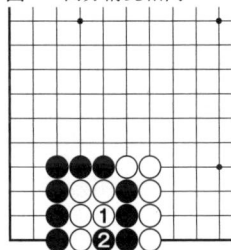

图 8　双方有眼的双活

图 5（对杀中的双活）

另有一种形式的双活，是像本图的●和△这样呈现为对杀的状态。这里双方同样也无法出手杀棋，因此●和△两边都是活棋。

图 6（黑方不能紧气）

黑棋一旦1位紧气就会被白2吃掉。

图 7（白方也不能紧气）

反过来要是白棋1位紧气，黑方就可以2位吃掉白棋。

也就是说，这块棋是无论哪边都不能对对方出手的形态。因此图5的●和△保持那样的状态就两边都是活棋。

图 8（有眼状态下的双活）

除此之外双活还另有其他几个种类。由于实战中出现的双活形态千差万别，就请先记下有双活这么一种死活状态。学到一定程度后自然会熟悉其形态，变得无论遇到什么样的情况都能自如地观察、计算并进行应对。

有的双活是像本图这样双方各有一只眼的。因为两边都不能下在a位，结果双方都是活棋。

5 双活

图 9　连环劫双活

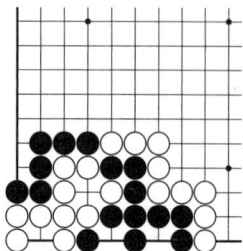

图 10　提劫后又会被提回来

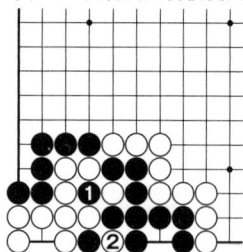

图 11　即便局部上双活……

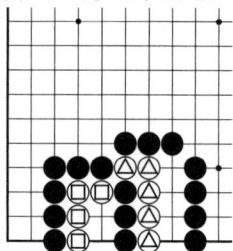

图 12　另一例假双活

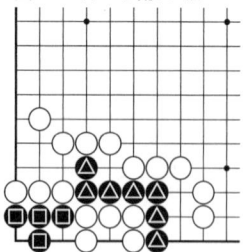

图 9（连环劫双活）

本图是称为“**连环劫双活**”的特殊棋形。

图 10（轮流提劫的双活）

黑方如果 1 位提劫，白 2 就在下方的劫上提回来。此后就算黑棋又去提下方的劫，也会被白棋在上方的劫上提回来，因此黑方无法吃掉白棋。白方先行提劫也一样吃不掉黑棋，在图 9 的状态下就会是双方同时存活。

图 11（假双活）

一块棋的双活，要以其外围棋子的存活为前提。

局部上⚪以双活状态存活，但外围包围着黑棋的△在黑棋的另一重包围下成了死棋。黑方可以先提取△，然后再吃掉⚪，因此图示状态下△也好⚪也罢都是死棋。像这样的情况称为“**假双活**”。

图 12（黑棋全灭）

本图也是假双活的情况。只要外侧的▲一死，角上的■也会变成死子。双活与两眼活棋不同，一旦外部的情况发生变化，棋子也有可能会死掉。

6 断点、气紧

图 1 白棋两眼活棋

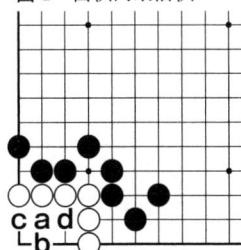

图 2 白棋气紧

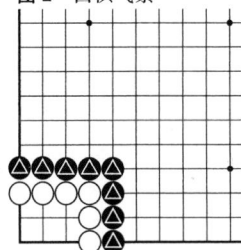

图 3 做不出两眼

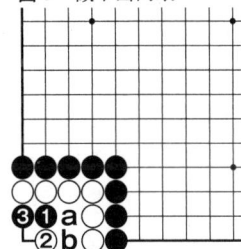

图 4 气的数量很重要

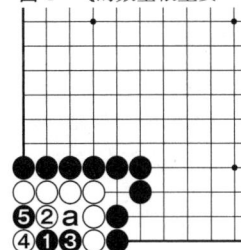

166 页图 8 的部分就稍微提到过，对局中经常会出现断点、气紧对死活发生重大影响的情况。

图 1（白棋活）

这块白棋有 6 目的地，是活棋。这里不会发生点杀的情况。黑棋要是下 a 位，白棋就 b 位应，黑 c 后白 d 可以做出两眼。

图 2（气紧）

然而，要是像本图这样白棋外气全部紧掉，情况就不同了。这就是我们说的"**气紧**"。

图 3（白棋气紧而死）

白棋内侧情况虽与图 1 相比没有变化，可一旦气紧，就会因黑 1 而死。这是由于，就算应一手白 2，在黑 3 下出的同时，白棋也就无法下白 a 做眼了。

图 4（一口外气则成劫）

本图所示，是外侧仅空出一口气的气紧状态。这样的话黑棋下 1 位则有对策，白方 2、4 会走成"白棋有利的**缓气劫**"。如果外气再多有一口，白 4 时下 a 位"**胀死牛**"，白棋就可以净活。

6 断点、气紧

图 5　完整的曲四

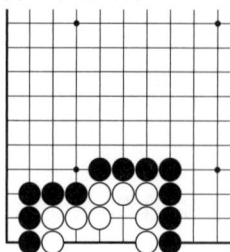

图 6　不完整的曲四

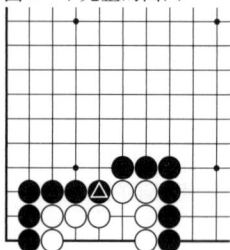

图 7　白棋不能下 a 位

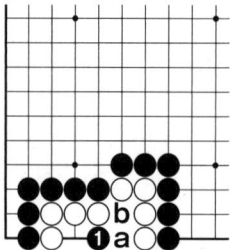

图 8　下黑 1 则可直三点杀

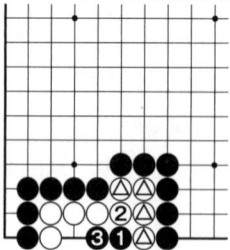

图 5（曲四）

本图所示，是 165 页图 3 部分讲过的"曲四"。像这样形态完整的曲四自然是活棋。

图 6（▲位置如果是黑子）

就算是断点，有时也会一不小心就能看漏。

就比如说，本图与前一图的差别只在▲处一子是黑是白。而这里只不过白子换成了黑子，白棋的曲四就变成了不完整的形态。这是由于白棋在▲处出现了断点。

图 7（黑先白死）

如本图所示，黑 1 点入白棋就死了。正常来说白棋只要下 a 位就净活，但因为本图情况下右方白棋只剩一口气，最后会被黑 b 提掉。

白棋的曲四形出现了断点，故而便暴露出了气紧的弱点。

图 8（下黑 1 也是白棋死）

黑 1 直接对△打吃，紧随白 2，黑 3 直三点杀也会置白棋于死地。断点和气紧同时出现的话真的会很危险，因此请特别予以注意。

6 断点、气紧

图 9　一旦有断点……

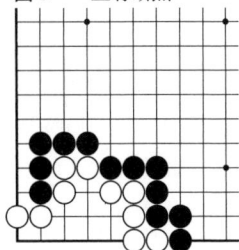

图 10　白棋全灭

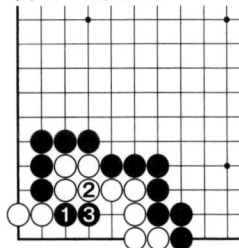

图 11　黑先白死

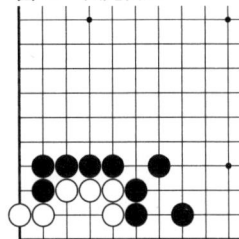

图 12　点入是手筋！

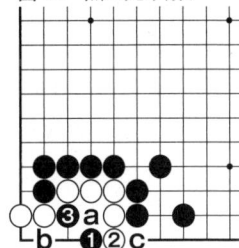

图 9（断点的可怕程度）

哪怕是像本图中这样有 9 目之大的白地，放着断点和气紧的问题不管就会简单地遭到破坏。黑方要怎么下？

图 10（白阵因切断破灭）

黑 1 断严厉，对白 2 粘应以黑 3 则可吃掉全部白棋。

对于白方来说，被黑 1 切断之后就基本没什么能用来抵抗的手段了。

图 11（黑先白死）

这种情况也是实战中经常会出现的手筋。只要白棋没有断点和气紧的问题就不用担心什么，但像这样外侧去路被塞严实了的话就会变成黑先白死的棋形。

图 12（急所点入）

黑 1 "点入"是手筋。虽然将被白 2 隔断，黑 3 的断却能实现。由于白方不能 a 位打，要吃黑棋就只好绕道下白 b，黑方因此可以 c 位先一步吃掉白棋。

黑 1 这样的点入，是在"官子"的时候也能够运用上的手筋。

图 13　如果有外气

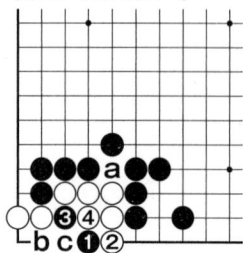

图 14　白棋无断点

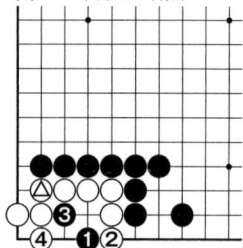

图 15　小心断点

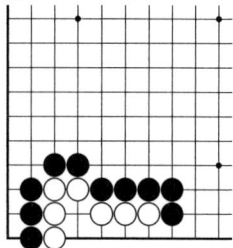

图 16　保护断点

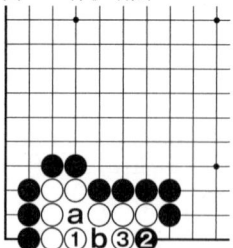

图 13（有外气则白棋净活）

如果白棋在 a 位有一口气，黑 1 的点入就没有效果。被白 2 隔断后，黑棋下 3 位断也会被白 4 打，最终被吃。此外，黑 3 时下 b 位夹的话白棋 3 位粘，黑 c 再粘上也是双活，故而白棋得以生存。

图 14（无断点则白棋净活）

即使白棋气紧，只要△位置是白子，白棋没有断点，黑 1、3 就会遭遇白 4 应手而什么都捞不到。断点和气紧的问题发生牵连时是最为危险的。

图 15（白棋先手活）

本图是一道白棋先手活的问题。致力于防止出现断点和气紧可以求得生存。

图 16（防守的急所）

下白 1 是正确答案。应黑 2，白 3 可以在 a 位和 b 位保障出两只眼。

白 1 改下 2 位扩展眼位，想靠曲四做活，则会因黑 b 点入或黑 1 打吃而死。在做活己方棋子或保护己方地盘等情形下，注意不要留出断点同样十分重要。

●黑先

　　这是一道黑先白死的问题。利用白棋气紧的问题尖兵突入会很关键。

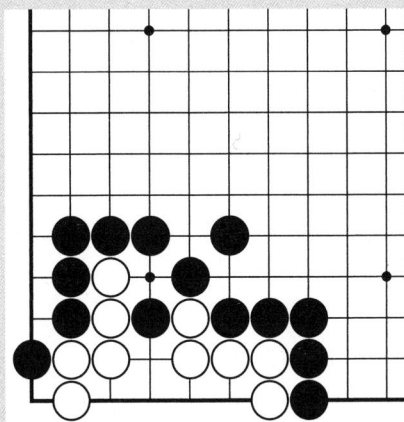

●黑先

　　白1、3的"扳粘"是自行紧气的大恶手。黑方的下一手要落在哪里呢？

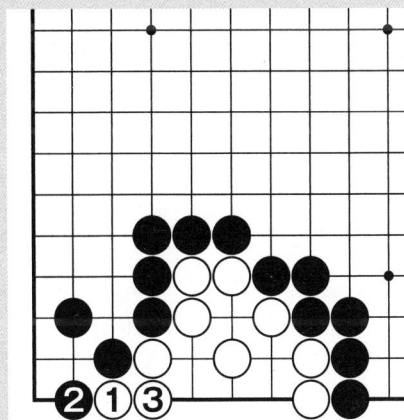

图1 将白棋逼至不入气

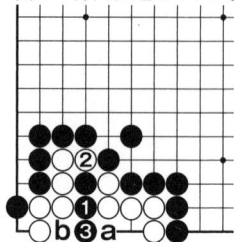

图1（答案）

黑1冲出是正确处理。虽然会被白方2位断，但黑棋只要立在3位，白棋就会因气紧而无法下a、b中任何一处。像白棋这样的情况叫作"**不入气**"。

图2 做不出两眼

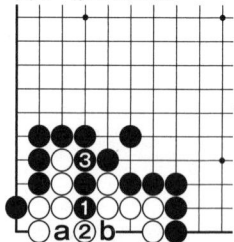

图2（答案的变化）

针对黑1冲出，白方要是选择2位应，则黑方3位白棋死。a位是假眼，而白棋下b位虽能有一只眼，却没有了做两眼的空间。

图3 直四活棋

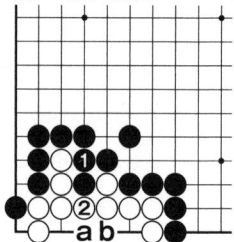

图3（失败1）

黑1粘则让白2做出两眼。正是165页图1我们说过的直四棋形。接下来黑棋a位则白棋b位，黑棋b位则白棋a位。

图4 白2是急所

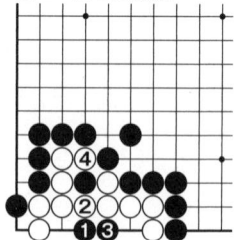

图4（失败2）

黑方要是1位点入再行黑3，则下边会出直三点杀。但这样却让白4拔一子在中腹做出另一只眼来。一旦让白方下到2位粘，白棋的断点就会抹去，气紧的问题也给消解掉了。

图 1　瞄准气紧弱点

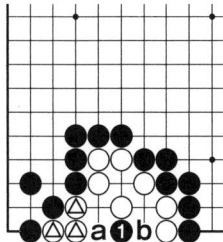

图 2　倒扑!

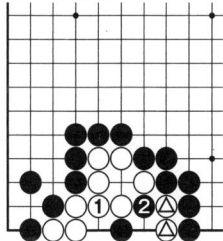

图 3　抹消白棋断点

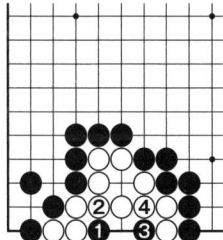

图 4　注意气紧问题!

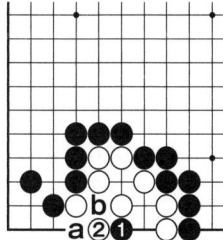

图 1（答案）

黑 1 托是正确应对。因△气紧，白棋不能下 a 位。此外，白 b 也一样下不成。

图 2（答案的后续）

白方如果 1 位粘守住左侧，黑方就能以 2 位倒扑吃掉△两子。最终白棋死掉。

图 3（失败 1）

黑 1 打吃白棋，则白 2 后白棋断点消失。对黑 3 同理应白 4，黑棋自此无法再纠缠白棋。黑 1 及黑 3 都没能揪住白棋气紧的弱点予以打击。

图 4（参考）

本问图示的白棋 1、3 扳粘是自行紧气的恶手。这是因为白方若不作任何动作，黑棋下 1 位时便可白 2 做活之故。黑 1 要是改下 a 位打，白方就走 b 位，这块白棋还是有两只眼。我们要注意不能自造断点和气紧局面。

7 缩小眼位

图1 如何进攻?

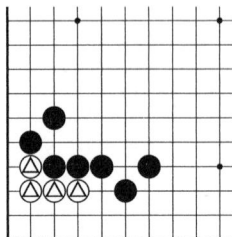

图2 缩小白棋眼位

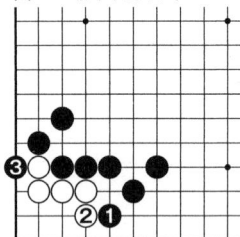

图3 黑7刀五点杀!

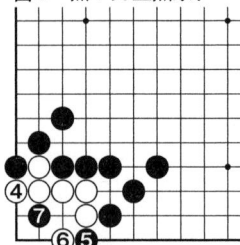

图4 白棋全灭

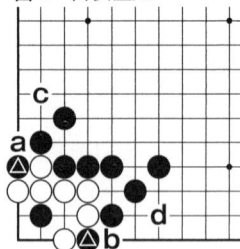

图1（黑先白死）

到现在为止我们一直在讲死活的基础。在实战中，棋子的生死问题其实始于尚且不甚明朗的局面，就像本图这样。

死活的基础首先是"**缩小眼位**"。这里黑方要如何进攻白棋?

图2（首先缩小眼位）

黑棋以1位尖压缩了角上白地。对付白2，黑3再从另一边缩小眼位便可。

图3（缩小眼位后转向急所）

白棋要是4位回应过来，黑棋就5位扳。当白6应时，应该正好能自然地看见急所浮现。没错，此时黑方只要7位刀五点杀，白棋就会死。

图4（⬤被提，空出的也只是假眼）

由于角上的空间是刀五形，可以实施点杀，所以白棋只有一只眼。面临打吃的两颗⬤就算被白a和白b提掉，空出的也只是假眼。故而在要杀白棋的情况下，没有必要保护这两子。

白a则应黑c，白b则应黑d，只要像这样把守住别让白棋逃到外面，独眼的白棋会就这么死掉。

7 缩小眼位

图 5　缩小眼位后就下急所！

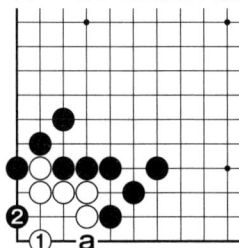

图 6　最终直三 / 曲三点杀

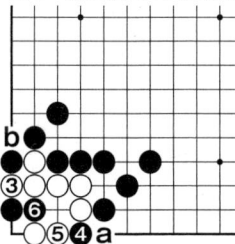

图 7　比起一路还是二路好

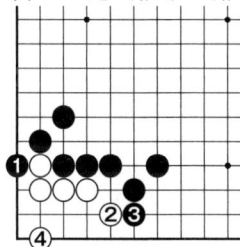

图 8　下在一路不行

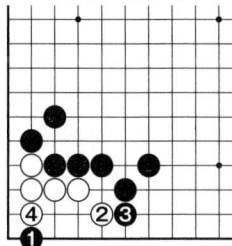

图 5（二一路上多妙手）

图 3 的白 4 要是改成本图的 1 位应，黑棋便遵循"二一路上多妙手"下 2 位。这是由于黑 2 时若在 a 位缩小眼位，就会让白棋 2 位做出两眼来。

像图 2 黑 1 那样，能在二路压缩白地就优先这么做。而像本图这样只能在一路缩小眼位的情况，窍门是同时要意识到急所所在。

图 6（直三 / 曲三点杀）

接下来应白 3，黑方 4、6 走出直三 / 曲三点杀。黑子就算被白 a 或白 b 提掉，白棋得到的也只是假眼，这与图 4 情况相同。黑 6 时不小心下了 a 位粘的话，就会让白棋 6 位做活，放跑机会。

图 7（二路优先）

图 2 黑 1 时，选择下本图黑 1 从一路缩小眼位则会失败。一旦让白 2 扩开二路，白棋的空间就会大幅拓展，从而让白 4 等轻松就得以做活。

图 8（不能让对方扩大眼位）

黑方盲目地打入到看起来像急所的 1 位，这同样会让白 2 扩大眼位，招致失败。论死活要首先从二路压缩白地开始。

图 9　如何攻击白棋?

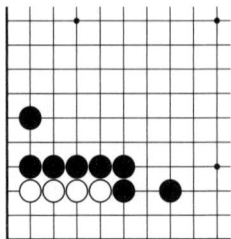

图 10　以扳缩小眼位

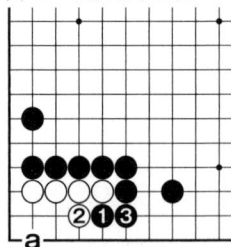

图 11　黑 5 是急所

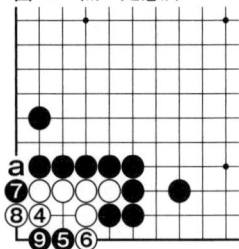

图 12　手顺不好

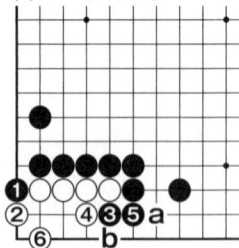

图 9（黑先白死）

那么我们来看看，先行的黑棋要怎样进攻这块白棋比较好呢？

图 10（从二路缩小眼位）

只要以黑 1、3 的扳粘从二路压缩白棋眼位，最后就会是白棋死掉。

黑 1 改下 3 位立的情况，因为缩小眼位不到位，让白 1 挡上后，没有其他一些必要条件白棋不会死。

而黑 3 时勉强下 a 位等处，黑 1 一子又会由于白棋 3 位断而被吃掉，白地因此扩大，白棋从而净活。

图 11（缩小眼位之后转向急所）

接续前一图，白棋如果 4 位应，则黑棋走 5 位急所再下 7 位，接着黑 9 直三 / 曲三点杀，白棋死掉。黑 5 改成 7 位缩小眼位，应白棋 8 位下 5 位急所，这样的手顺白棋也会死。而就像目前为止我们学到的那样，7 位黑子被白 a 提掉后留下的也只是假眼。

图 12（一路着手则失败）

黑棋 1 位从一路缩小眼位则失败。就算应白 2 下了黑 3、黑 5，这次也会因白 6 走到急所而让白棋存活下来。哪怕黑 3 时 6 位进攻，白 5 位、黑 a 位、白 b 位，眼位被扩大后还是白棋净活。

●黑先

这是一道黑先白死的问题。缩小眼位与找急所，哪种方法有效？

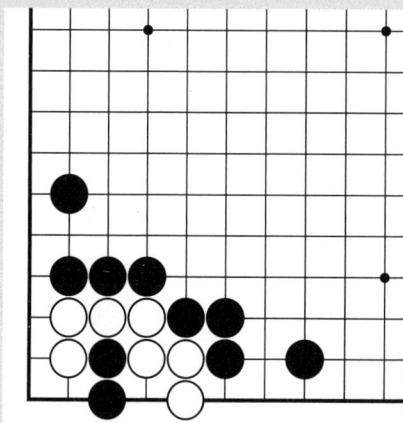

●黑先

黑棋先手活。黑方有应手可以巧妙地令对方攻占急所的动作无效化。

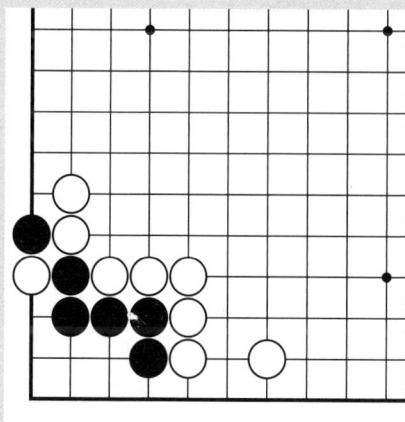

图 1　以扳缩小眼位

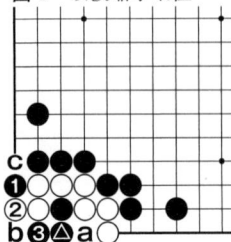

图 2　白棋只有一只眼

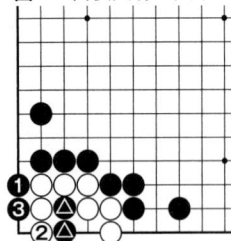

图 3　曲四活棋

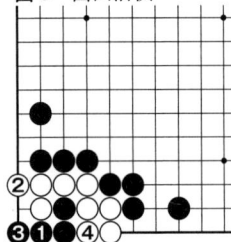

图 4　黑 1 是急所

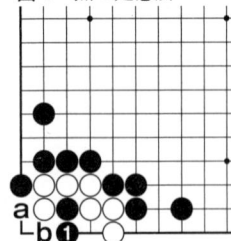

图 1（答案）

以黑 1 扳缩小眼位是第一步。白棋要是 2 位则黑 3 下到急所，白棋死。之后黑棋可以下 a 位，再应白 b 拔下黑△丁四点杀，因此这个形状并不是双活。此外，由于被白 c 提吃后留出的也是个假眼，黑方同样没有必要下 c 位防守。

图 2（答案的变化）

对黑 1 要是白方本图 2 位应，则黑 3 后白棋死。白方就算吃掉△两子也只会有一只眼。

图 3（失败 1）

本图黑 1 会让白棋 2 位扩开，点杀便无法实现。就算下黑 3，只要被白 4 提掉就会空出曲四形的地，白棋净活。

图 4（参考）

如果是本图这样的棋形，黑棋下 1 位急所就会是白棋死。之后要是白棋下 a 位，则黑棋 b 位白棋死掉。

黑 1 改下 a 位缩小眼位，则让白棋以 1 位拔做出两眼，最终失败。

解答 10

图 1　二一路上多妙手！

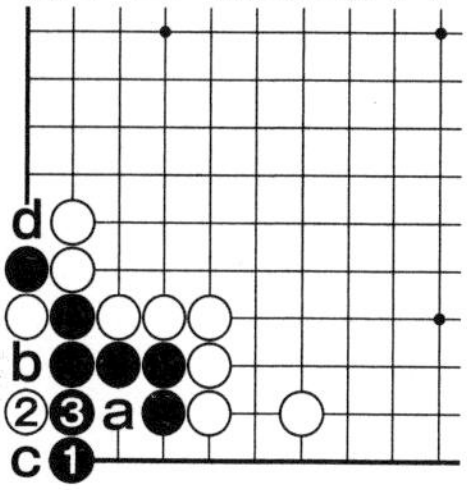

图 1（答案）

　　黑 1 跳见眼形，白 2 下急所时以黑 3 做活。a 位有了一只眼，白棋 b 位粘就可以黑 c 再做一只眼。黑 3 后要是白棋下 d 位，则黑棋可 b 位做活。

图 2　刀五点杀黑棋死

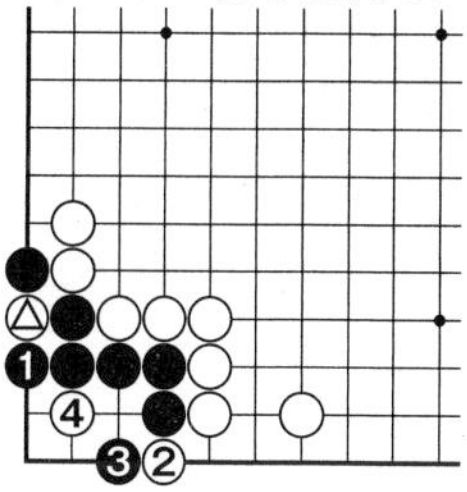

图 2（失败 1）

　　黑 1 提走△也只是个假眼。由于角上的空间在白 2 后呈刀五形，白 4 实施点杀，黑棋最终死掉。

图 3　白 2 是急所！

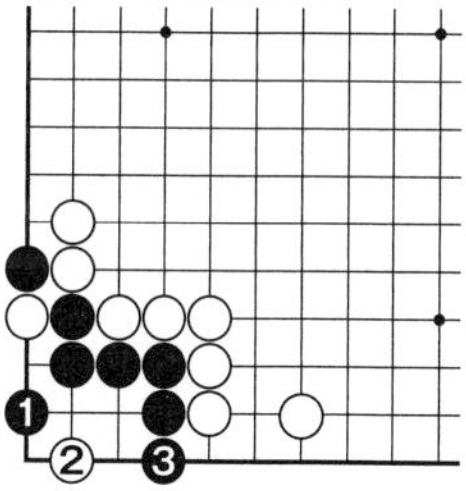

图 3（失败 2）

　　黑 1 尖也会被白 2 下到急所导致黑棋死掉。黑 3 扩大眼位呈现出来的也已经是刀五点杀的形态。白方若同样不得要领，在白 2 时下 3 位缩小眼位，则会让黑棋 2 位做活。

图 4　盘角曲四是死形

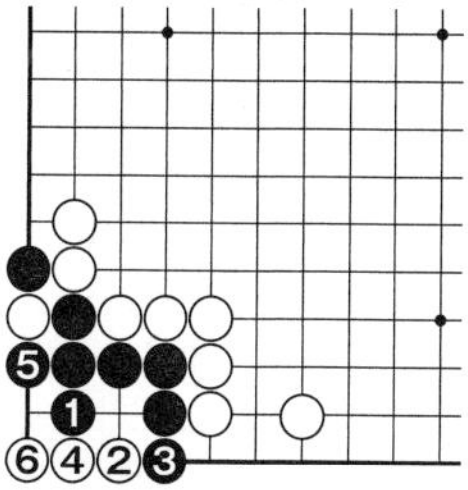

图 4（失败 3）

　　黑 1 曲的情况下，白棋 2 位下急所，然后白 4、6。看起来虽然像双活，但这其实是被称作"**盘角曲四**"的特殊棋形，规定是黑棋死。（编注：中国无此规则。）

8 盘角曲四

图1 曲四活棋

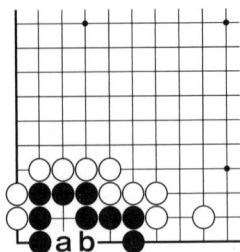

图2 双活

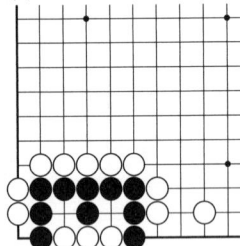

图3 双方皆无法出手

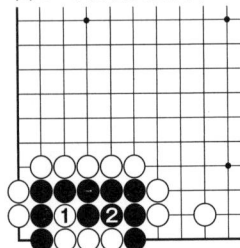

图4 不是双活而是黑棋死

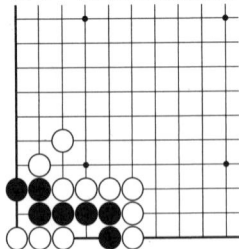

正如前一页图4中出现的情况，死活中存在关于盘角曲四的规则。

盘角曲四是实战中也会出现的棋形，这里简单地进行一下说明。请至少记下有这样一条规则存在。

图1（普通的曲四）

本图所示是165页讲过的曲四中的一种。如果白棋下a位，黑棋就下b位，白棋b位则黑棋可以下a位，因此黑棋是活棋。

图2（双活）

了解了曲四，也就能知道本图所示是双活的棋形。黑棋整体以及内部的白棋三子同时存活。

图3（白方无法出手）

白棋要是下1位，黑棋2位提吃就会转为曲四形。白1要是改下2位则黑棋1位提吃，终究会是黑棋净活。

图4（盘角曲四）

而出现问题的是本图的棋形。黑地中有三枚白子和两处空交叉点，从这个角度上来说本图棋形与图2完全是一样的情况。

但本图并非双活，而被规定是黑棋无条件死亡。

8 盘角曲四

图5　白方可以进攻

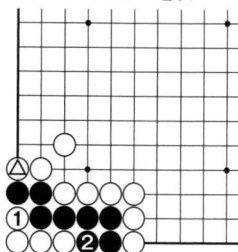

图6　角上发展成劫

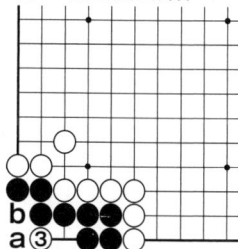

图7　就算提掉三子……

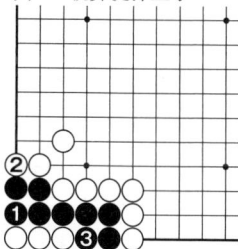

图8　直三点杀

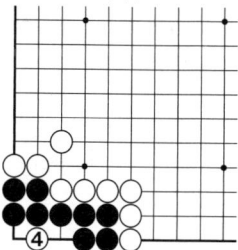

图5（白方可以出手）

图2与图4最大的差别在于，图4中白方能够攻击黑棋。

△一子紧气后，白棋就可以下1位了。黑棋2位提吃。

图6（成劫）

曲四原本是活形，但因为它出现在角上，白方就有了点3位的手段。对此，黑方没有比下a位更好的选择，但白b提吃后就成了劫。

白方出手就会下成劫，这正是问题所在。

图7（黑方无法出手）

图4的状态下，黑方无法出手杀白棋。虽说只要下黑1、3就能提掉白棋三子……

图8（白棋是随时能够造劫的形态）

可白4直三点杀黑棋就死了。

图2的双活是双方皆无法出手杀棋的状态。然而图4是"黑方无法出手，白方却随时可以造出图5、图6的劫"的状态，对白方有利。这便是我们说的盘角曲四。

8 盘角曲四

图9 按日本规则则黑棋死

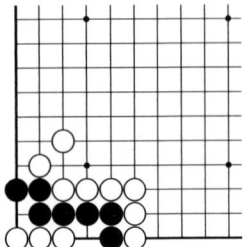

图10 本图需要实战解决

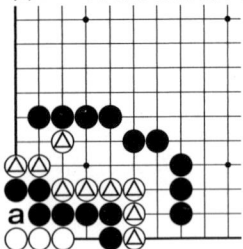

图11 盘角曲四情形 2

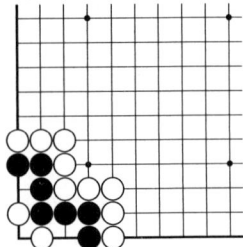

图12 盘角曲四情形 3

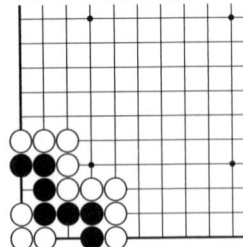

图9（依规定黑棋无条件死亡）

回到图4。在实际的对局中下成这样的棋形，白方只要在消除黑方全部劫材之后造劫，就一定能吃掉黑棋。

只不过，要实际从盘上抹除对方的全部劫材不仅于地盘有损，还很麻烦。

就此，日本现在的围棋规则规定按"本图的黑棋呈盘角曲四形从而无条件死亡"来处理。

图10（外侧棋子非活棋则实战解决）

盘角曲四与假双活的情形同样，一旦外侧的△遭包围而死亡，结果就会是另一回事。白方必须在△被黑棋吃掉之前下白a造出劫。这之后会经由实战中的劫争来解决问题。

图11、12（盘角曲四的形式）

盘角曲四有若干种形式，其他的形式也一样是黑棋死。

实际上，盘角曲四和182页图9的连环劫双活同时出现在盘上的话，白方就不再可能消尽黑方劫材。但日本规则中是直接规定"盘角曲四无条件死亡"的。

第 5 章　手筋、对杀

1 征

图1 征可以吃掉△

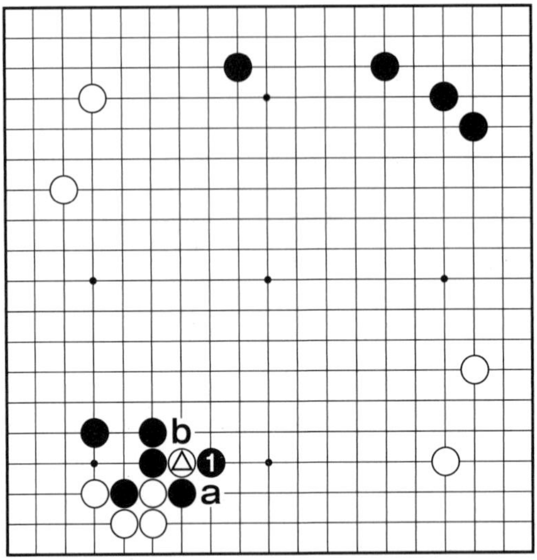

图1 征可以吃掉△

图2 征表现为连续打吃

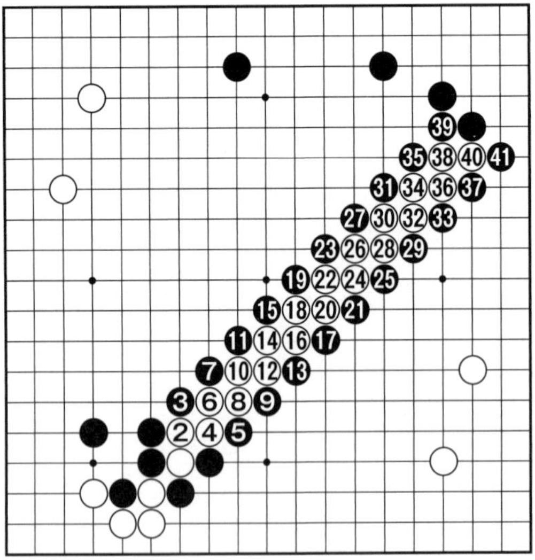

图1（征）

黑1是称为"征"的手筋，此举可以吃掉△。黑1下a位长则白棋b位发动△作用，黑棋被分断为左边和下边两块，并被拖入艰苦的战斗。

图2（连续打吃将对方逼入绝境）

白棋要是2位逃，黑棋就3位打，对白4则黑5打。此后还会是连续的打吃，没给白棋一点反抗的余地，黑棋就将对方逼到了盘面右上。进行到黑41，可以将白棋统统吃掉。

1 征

图3 征吃需要仔细判断情况

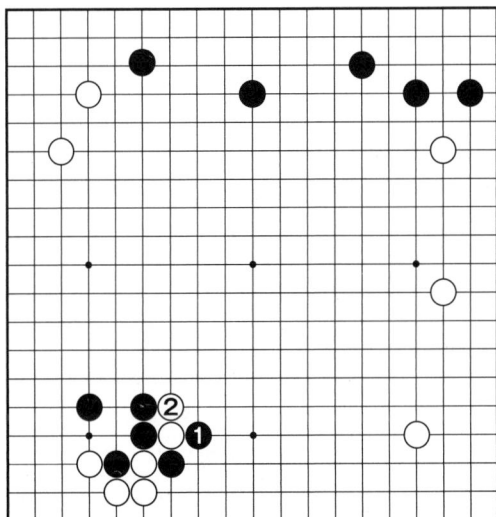

图3（征吃的注意点）

征是很有必要的手筋，但要使用它必须仔细确认好情况。

像本图这样，盘面右上的情况已经发生了变化，黑棋却还是1位征追击白棋，这样很危险。

图4 一旦征子失败……

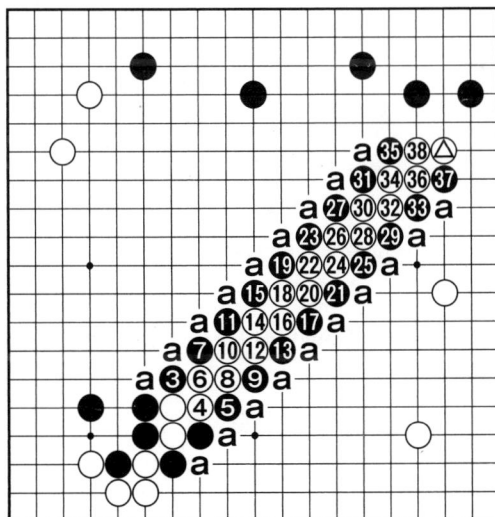

图4（黑棋的崩盘）

追击到黑37时，让白38和右上的△给联络上了，黑方拿白棋再无办法。

棋形变成这样，a位全都是会被白方下"**双打吃**"的地方，黑棋破败。

图 1　△能吃掉吗？

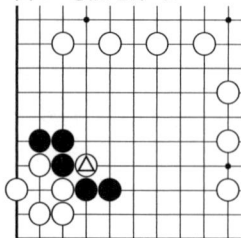

图 2　不能征吃

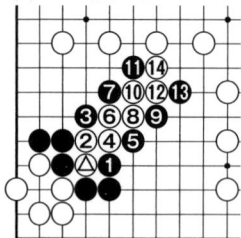

图 3　枷吃△

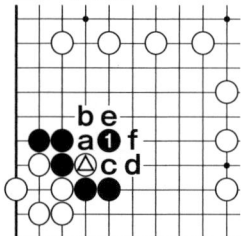

图 4　这也是枷的一种

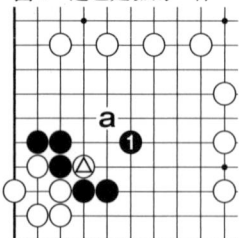

"枷"，是和征同等重要的另一种手筋。因为它在实战中也经常会出现，请务必掌握。

图 1（欲吃△）

轮到黑方下。有办法吃掉△吗？

图 2（征子不利）

因为周遭被白子所包围，黑方无法 1 位征吃△。那样会被白 2、4 逃掉，并最终行至 14 与外围白棋取得联络。这样的状态我们表达为"黑方征子不利"。不过就算征子不利，只要懂枷吃就还是能吃掉△。

图 3（枷）

黑 1 即是枷。虽没有对△打吃，但白棋 a 位则黑棋 b 位，白棋 c 位则黑棋 d 位，白棋逃跑的路线已经堵上。不用说，白棋 b 位黑棋就 a 位，白棋 d 位黑棋就 c 位封住△的退路。

提掉△，黑棋自能联络。因而虽在白棋的包围中，最终也不会被吃掉。

图 4（枷的类型）

黑 1 和黑 a 也都能够吃掉△。这两者说到底也是枷。

2 枷

図 5　多枚棋子也能枷吃

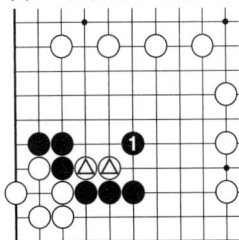

図 6　△能吃掉吗?

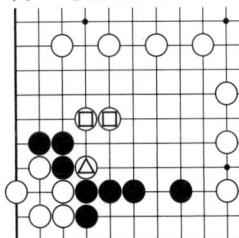

図 7　与○分離开

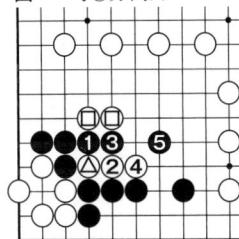

図 8　図 7 比较好

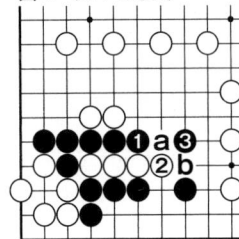

图 5（吃两子的枷）

△两子也可以通过黑 1 枷吃掉。

枷吃还有其他很多种形式，关键要尽量多地去记住它们。

图 6（黑先）

即便像本图中这样遭到○的压迫，黑方只要圆熟地运用枷吃，就能从如此穷境中逃生。

图 7（打吃之后的枷吃）

虽然没法马上枷吃△，但黑方可以首先 1 位、3 位打，从而将白棋与○两子分离开。接着黑棋就能 5 位枷吃白棋了。而跳过黑 1 直接下在 3 位，结果却还是会让白棋 1 位轻松逃出。就像这样，根据周围的情况，枷吃会有各式各样的变种。

图 8（并非最佳的吃子方式）

以前一图的黑 5 为例，改下本图的黑 1、3 同样会是枷吃。只不过，白棋的气变得有三口之长，因此还是图 7 的枷吃方式比较安全。

黑 3 时若不慎下成 a 位压，被白方 b 位逃掉后，就没法再吃掉这块白棋。黑 3 改下 b 位则白棋 a 位，同样吃子失败。

3 倒扑

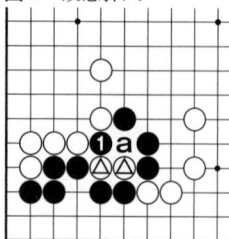

图 1　故意扑入

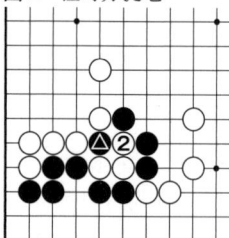

图 2　让对方提吃

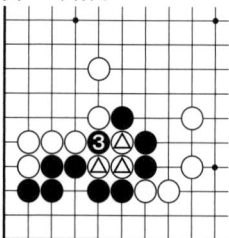

图 3　倒扑！

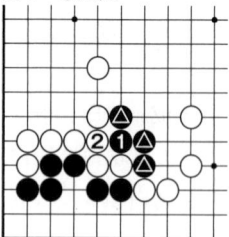

图 4　⬤危险……

图 1（倒扑）

如此情形下，是否能吃到△两子是个大问题。黑 1 这样故意扑入对方虎口之中的下法是一种叫作"**倒扑**"的手筋，借此可以提掉△两子。

图 2（虽然被提掉）

白棋 2 位，刚下出的⬤就被提掉了……

图 3（提回来）

但提走⬤后的△三子成了只有一口气的状态。由于下一手轮到黑方，只要 3 位拔就能吃掉△。这就是倒扑的功能。

一旦掌握了倒扑，自然就会开始识得运用**弃子**的感觉。为了入段，这是必须学会的手筋。

图 4（黑棋的失败）

要是没有舍弃棋子的意识，黑方说不定会下出 1 位打来。然而这样下，被白方 2 位粘上的话就无法吃掉白棋了。⬤几颗黑棋成了弱子，将会遭到白方的攻击。懂得倒扑与否时常会造成很大的差距，在实战情况下也同样如此。

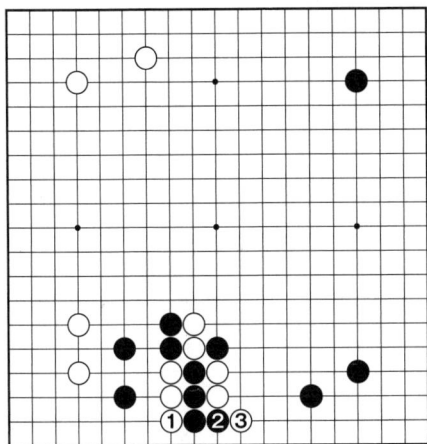

问题 1

● 黑先

被白方下到 1 位、3 位，下边的黑棋面临危机。不过，懂得征吃的话就可以反过来打破白棋的包围圈。

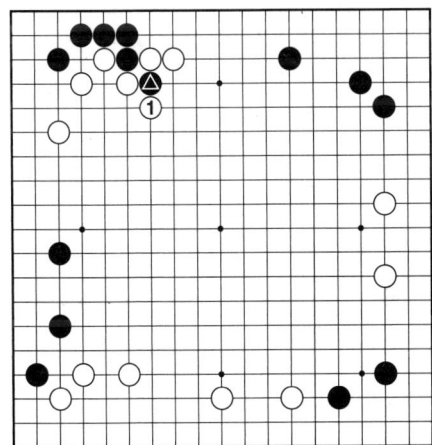

问题 2

● 黑先

白棋下到 1 位，⚫就要被征吃掉了。不过，黑方有利用征子弱点的巧妙应手存在。

图 1　切断后连续打吃最后征子

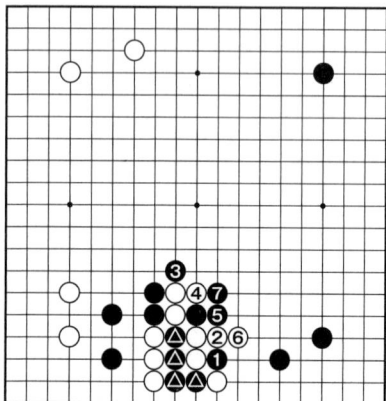

图 2　无法马上征吃

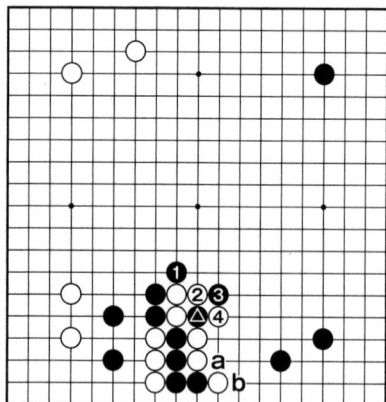

图 1（实现征吃）

因为△只剩两口气，黑方已经没有余裕。黑 1 断是正确处理。应白 2，黑棋 3 位打。白棋 4 位逃生之时，关键在于黑 5 一手要形成打吃，借此，黑 7 的征吃得以实现。

图 2（白 2 使△仅剩一气）

黑棋下 1 位准备直接征子的话，白 2 会使得△仅剩一口气。黑 3 之后，△被白 4 提掉。黑 3 改下 a 位，随后白 4 位、黑 b 位的话，下边的黑棋会得救，但效果不及图 1 的正确解法。

图1 预先行至征子途经位置

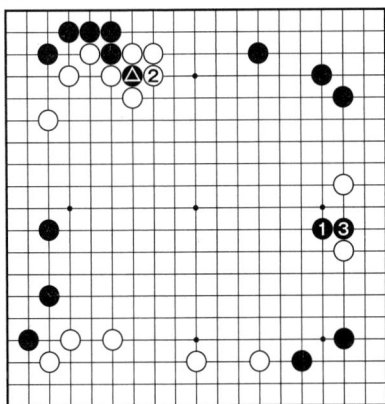

图1（引征）

我们把黑1这样预先行至征子途经位置的技巧称为"引征"。◥虽然会被白2吃掉，但继黑1后只要能连续一手下到3位分断白棋的拆二，便是黑方大获成功。

图2 效果强劲的引征！

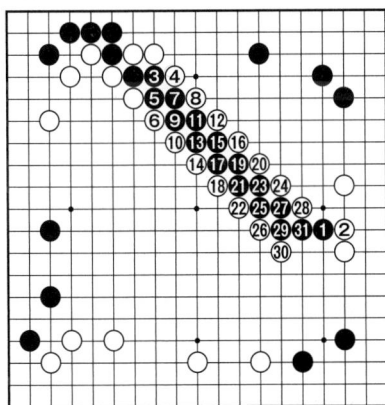

图2（白棋崩盘）

黑1时，白2一旦应在右边上，黑3的出逃便得以实现。在有黑1的前提下，白4起征子追击的话，行至黑31粘，结果是白棋大败。

◎更多围棋术语⑩ 其他术语

【围棋四大家】

江户时代，围棋是在德川幕府的保护下进行发展的。那时，被认定为"**宗家**"的是"**本因坊家**""**安井家**""**林家**""**井上家**"四门。本因坊之名至今仍作为头衔战的名称留存着。著名的本因坊秀策便出身本因坊家。

据载，这些门派之间相互竞争，门下棋士反复钻研、积累成果，围棋竞技水平由此产生了飞跃性的发展。

流传至今的江户时代棋谱数量也有很多，我们把那称为"**古棋谱**"。

【名人棋所】

放到江户时代来说，"**名人**"即是九段，那时候规定这样的棋士至多只会有一名。统领全国围棋棋士的名人棋所，对江户时代的棋士而言是棋界地位最高的人。

【争棋】

指江户时代棋士的番棋。如果反对某位棋士就任名人棋所，便会申请进行"**争棋**"。据说也出现过那种一旦败北，自身同时还要失去很多东西的较量。虽然纷争复杂，但由于毕竟是棋士，孰是孰非会在盘上进行解决。

【日本棋院、关西棋院】

江户幕府瓦解后，经过一番迂回曲折，现今从事着棋士的管理的团体成了**日本棋院**和**关西棋院**。

日本棋院的机构除了东京市谷的东京本院以外，还有坐落于名古屋的中部总本部和坐落于大阪的关西总本部。

关西棋院是桥本宇太郎九段在持本因坊头衔期间创立的。近年在NHK杯十分活跃并多次取得该棋赛优胜的结城聪选手就是关西棋院的所属棋士。

韩国有韩国棋院，中国则有中国棋院，辖下是其各自国家的棋士。

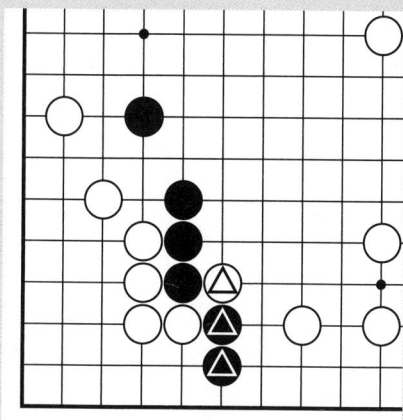

问题 3

● 黑先

不吃掉△就是△被吃。这里请巧用枷的手筋。

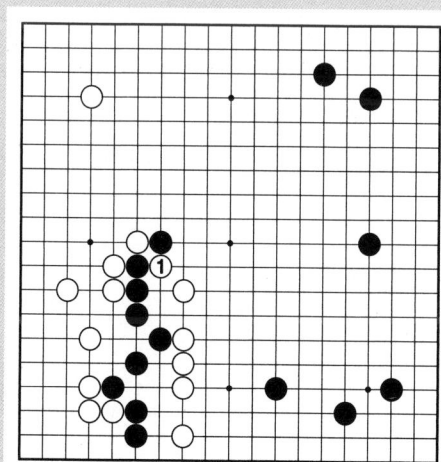

问题 4

● 黑先

白方刚下了 1 位断，而这是无理的一着。请利用倒扑渡过危机。

解答 3

图 1　打后枷

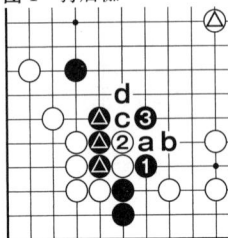

图 2　直接枷则失败

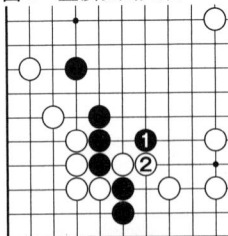

图 3　征子黑棋不利

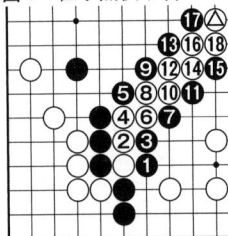

图 4　打吃控制在最低频度

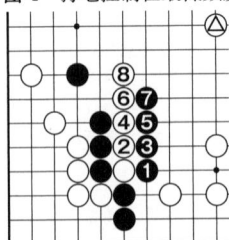

图 1（答案）

　　黑棋 1 位打是正确处理。因为△的存在，征子对黑方不利，但可以下黑 3 枷吃。接着白棋要是 a 位则黑棋 b 位，白棋 c 位则黑棋 d 位，白棋没法逃掉。

图 2（失败 1）

　　黑 1 封会让白棋 2 位逃出，不会形成枷吃。而且下边的黑棋两子没救了。

图 3（失败 2）

　　黑 1 打之后下黑 3、5 征子，最后会撞上△。

　　另外，有的情况下征和枷两种方法都能吃到棋，不过因为征子留给了对方引征的机会，枷吃较好的情况还是多一些吧。

图 4（失败 3）

　　黑棋 1、3 乱打一气，却还是会让白棋行 2 至 8 逃掉。打吃的使用要注意控制在所必要的最低频度。

图 1　挖入后倒扑!

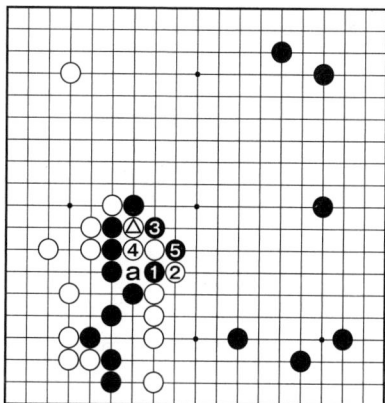

图 1（答案）

　　黑 1 挖是很犀利的手筋。如果白棋 2 位应，则黑 3 打后下黑 5 形成倒扑。白 4 至多也就是改成下 a 位，黑棋只要 4 位提掉 △ 并能逃出就成功了。

图 2（失败）

图 2　手顺很重要

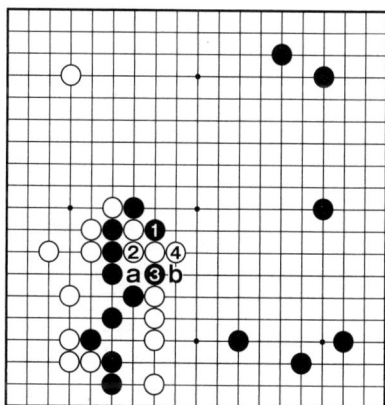

　　黑方从 1 位的打开始下则次序不合，白 2、黑 3 时会被白 4 长出。由于接下来 a 位和 b 位见合，黑棋无法逃出生天。黑方第一手改成 2 位打则让白棋 1 位粘上，黑棋也就到此为止了。

4 接不归

图1　准备使用接不归

所谓"**接不归**"，是种利用对方气紧的问题，将其棋子逼入只剩一口气的境地再提吃的手筋。

图1（黑先）

角上的黑棋身陷危机，但运用接不归可以摆脱困境。

图2　△可以吃到

图2（接不归）

黑棋1位冲。白棋看上去像是给2位渡过了，但只要黑3从后方打吃，白棋就会接不归。△四子只有一口气，可白棋a位粘上的话，全部白子就会被黑b一并提掉，因此白方救不了△。

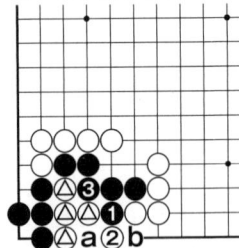

图3　准备使用接不归

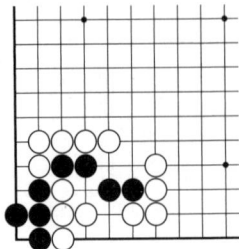

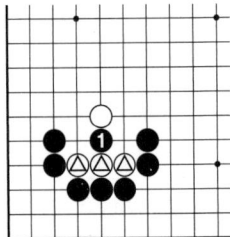

图3（乌龟不出头）

黑1挖可以接不归吃掉△三子。这样的棋形有个名字叫作"**乌龟不出头**"。

图4　乌龟不出头！

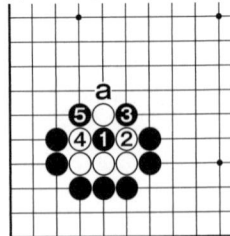

图4（接不归的一种）

白方就算行2、4逃子，黑方只要弃掉1位一子后黑3、5打吃，白棋就会接不归。白方被打吃的是五颗子，而一旦粘上就会被黑a一锅端。

虽然不知是谁给起了名字，不过它本身倒是古早以前流传下来的手筋。

5 其他吃子手筋

图1 黑棋如何打开局面？

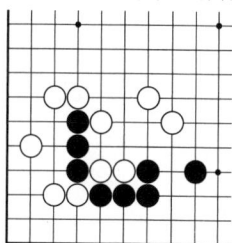

图2 a与b见合

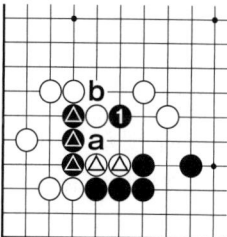

图3 看起来虽然顺利……

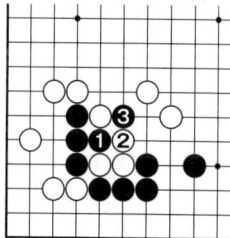

图4 让要子逃脱了

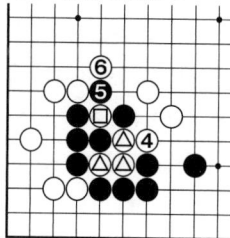

图1（黑先）

我们还有很多的手筋虽然没命名，却都能一转局部形势。本图轮到黑方行棋，怎样下比较好呢？

图2（各种手筋）

为了救下▲三子，提掉△两子很关键。在这里，黑棋1位的夹是手筋，以此能吃掉△。由于接下来白棋a位则黑棋b位，白棋b位则黑棋a位，△无法逃脱。

图3（俗筋）

黑1冲，白2时黑3断，这种处理叫作"**俗筋**"。黑3能够对白棋双打吃，因此一眼看上去这方法甚至很不错……

图4（黑棋被吃）

但白4一下，关键的△给逃掉了。黑5提掉了○，但这并不意味着与下方黑棋也达成了联络。结果被白棋6位封锁，左边的黑棋无法可救。像△这样情况的棋子称为"**要子**"，而○叫作"**废子**"。

图2的黑1是用来吃要子△的手筋。一点点去学会像这样的手筋也是涨棋过程中不可或缺的一环。

5 其他吃子手筋

图1　要子能吃掉吗?

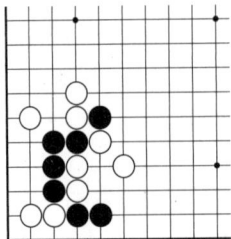

图2　故意让对方提吃

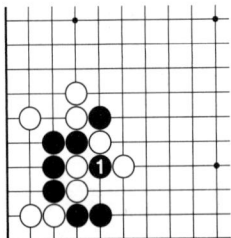

图3　最后发展成征吃

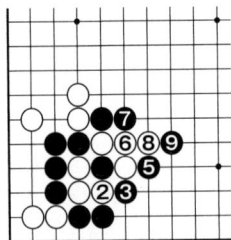

④粘（②上）

图4　手法太单纯不行

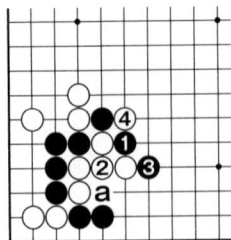

图1（黑先）

　　黑棋看起来被分割得七零八落，但其实可以通过手筋吃掉白方的要子。

　　设定征子黑方有利。

图2（扑）

　　黑1是正确答案。手筋本身没有专门命名过，不过像这样故意落子给对方提的下法我们叫它"**扑**"。

　　倒扑、一部分的接不归，以及破眼等也都是扑的一种表现方式。它的使用频度很高，因此特别做了命名。

图3（导向征子）

　　由于白棋被打吃，2位拔之外不作他想。不过黑方3位打将会令白棋气紧。白棋要是4位粘，黑方就行5、7，最后9位征吃。

　　这里所用的，是扑入手筋令白棋气紧，最后再征吃的组合手段。

图4（俗手打导致失败）

　　黑方的1位打，让白2粘上也就到此为止了。黑棋就算3位强行追击，其包围网也会被白4双打吃轻易撕开。黑方第一手下a位打也一样，被白2粘上后便难以为继。

214

●黑先

　　白棋之间看起来像是保有联络，但其实用接不归手筋可以吃掉白棋。

问题 6

●黑先

　　黑棋刚刚被白 1 切断。己方固然四分五裂，但白棋也有弱点。请考虑黑方接下来的三手。

图1 扑入后……

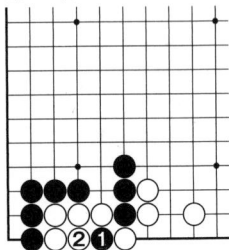

图2 接不归!

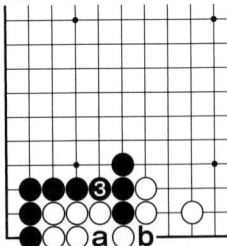

图3 白2是急所

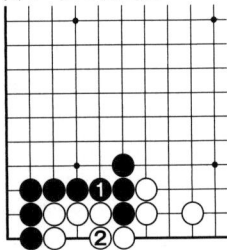

图4 倒扑

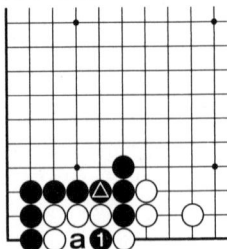

图1（答案）

黑1扑是令白棋气紧的手筋。这一子让白2去提走。

图2（答案的后续）

接着黑棋3位打吃形成接不归。白棋a位粘的话会被黑b一并吃掉。这手黑3打才是接不归的直接成因，不过电视转播之类的解说里头，有时也会这样说明："我们看图1，黑1扑入后白棋接不归。"这是由于图1的黑1是以本图的接不归为目的下出的一着。

图3（失败1）

黑1从外围紧气会遭遇白2防守。白2一处乃是急所。

图4（参考）

要是△处的气已经紧掉，黑1就会是倒扑。白a后，黑棋可以1位提回去。接不归和倒扑是十分重要的手筋，要把它们给学会。

解答 6

图 1　长气

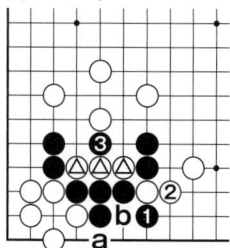

图 2　乌龟不出头！

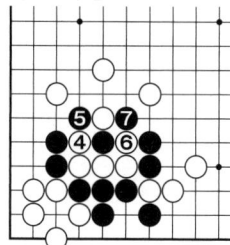

图 3　让切断成为无用功

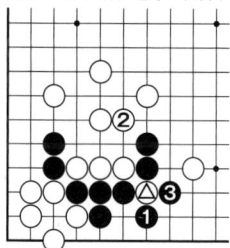

图 4　急于求成是大忌

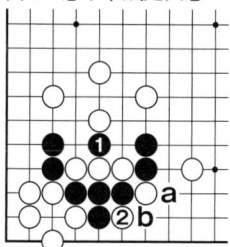

图 1（答案）

解题关键在于发现黑 3 一处的乌龟不出头。不过此前必须 1 位打给下边的黑棋长气。白棋要是 2 位长，黑方就可以 3 位吃掉△三子。接下来白棋 a 位则黑 b 应，白棋 b 位则黑 a 应，对杀黑胜。

图 2（答案的后续）

接续前一图，应白 4、6，黑 5、7 以接不归吃掉白棋。

图 3（答案的变化）

由前可知，对黑 1 打，白棋差不多是时候该 2 位防守了。黑 3 提子开花，令△的断成为无用功。

图 4（失败）

要能注意到黑 1 处的乌龟不出头，确实会想马上去下。但这样会让下边四子先被白 2 打吃并先被吃掉。黑棋第一手下 a 位则会被白棋 b 位长出，同样长不了下边黑棋的气。

6 对杀

图1 什么是对杀？

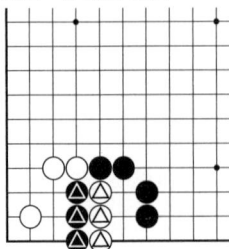

图2 黑棋对杀得胜

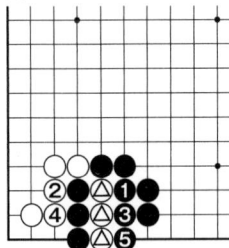

图3 ▲得救

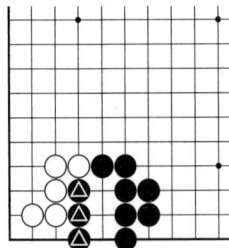

图4 先者胜

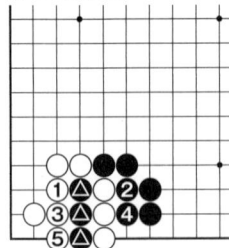

所谓"**对杀**"，是指无眼的双方棋子除了吃掉对方以外别无生路的情况。

图1（对杀）

▲三子遭到封锁，做不出两眼。△三子也一样。也就是说，▲和△除了吃掉对方以外没有其他求生办法。这就是对杀的局面。

图2（对杀黑胜）

如果黑棋1位先出手杀△，面对白2、4，黑5能够抢先吃掉白棋。这便是黑棋在对杀中赢了。

图3（▲不会被吃）

因为抢先成功地提走了白子，▲三子已经没有了被吃掉的担心。对杀中，只要先吃掉对方，自己就会存活下来。

图4（对杀白胜）

图1的状态下，如果白方先行来下1位，黑2、4后，白5能抢先吃掉▲三子。本图中是白棋在对杀中得胜。

图1双方是那种谁先手谁就能在对杀中胜出的凶险状态。不过我们还有很多用于赢得对杀的手筋。

图 1　对杀结果会如何？

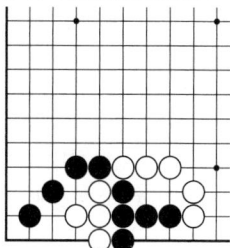

图 2　双方的气

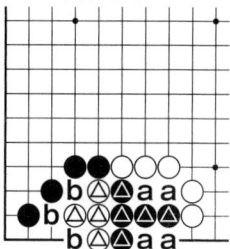

图 3　黑长一气得胜

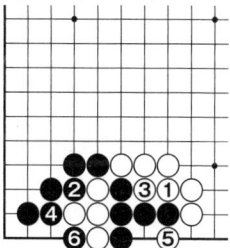

图 4　黑方没必要紧气

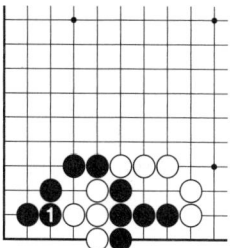

对杀中最为重要的因素是"气"。所谓气，指的是到己方棋子被提掉为止，对方有必要下出多少手。

图 1（对杀）

图示是黑棋五子与白棋四子的对杀。知道这场较量会是哪方胜出吗？

图 2（黑长一气得胜）

首先我们来试着数数△的气。白棋要提走△，必须下到 a 所示的四点。也就是说△的气有四口。再来看黑棋，要提掉△，必须下到 b 所示的三点。△的气也就是三口。相较之下黑棋要长了一口气，因此对杀会是黑棋胜出。

图 3（就算白先……）

假使图 1 轮到白方下，白棋 1 位先开始紧气，黑棋行 2 至 6 仍旧要在对杀中取胜。这是由于进行到图 1 的阶段时黑棋气长，对杀结果会是黑棋一手之差的胜利。

图 4（多余的紧气）

图 1 的状态下就已经是黑方胜的结果，因此没有必要慌慌张张地下黑 1 开始紧气。这会让白方抢到其他有价值的位置。

8 公气、外气

图 1　对杀结果会如何？

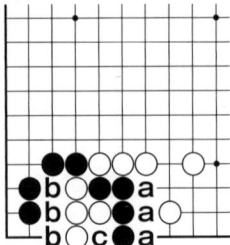

图 1（对杀）

本图中出现的是黑棋与白棋各四子的对杀。接下来轮到黑方下，这场较量会是哪边胜出呢？气的方面，黑棋是 a 和 c 点共四口气。因为白棋 b 点加 c 点也是四口气，看起来似乎先手一方会取胜。

图 2　发展成一手之差
　　　白胜……

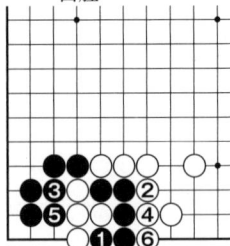

图 2（黑棋败北？）

然而，黑棋第一手一旦 1 位紧气，白棋行 2 至 6 就会让对杀结果变成白方胜。这究竟是为什么呢？

让我们回到图 1，a 处是黑棋单方的气，b 处是白棋单方的气，而 c 是黑白两方共用的气。在对杀中，像 a 和 b 这样的称为"**外气**"，而 c 叫作"**公气**"。对杀时先紧外气是基本守则。

图 3　先紧外气

图 3（按正确顺序紧气则黑棋胜出）

正确处理是黑棋下 1、3、5 先紧外气。最后再以黑 7 紧掉公气就能提掉白棋四子，由是对杀黑棋胜出。

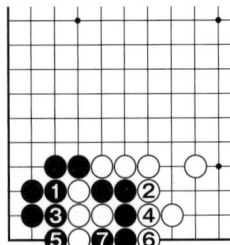

图 4　不要紧公气

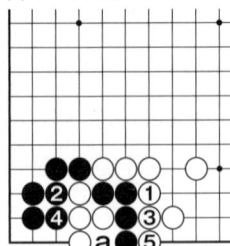

图 4（白先则白棋得胜）

从白棋的角度看也是一样的。假如图 1 时轮到白方下，只要白 1、3、5 先紧掉外气就是白棋得胜。一旦中途去紧 a 位公气就会败北。

●黑先

下边的黑棋三子眼看就要被吃掉了。除非将它放进一场对杀，否则没有办法救得了它。为此应该下的是黑 A 还是黑 B？

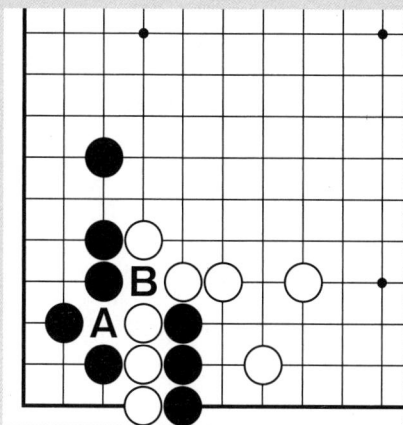

●黑先

图示为对杀局面。黑方要如何紧白棋的气？

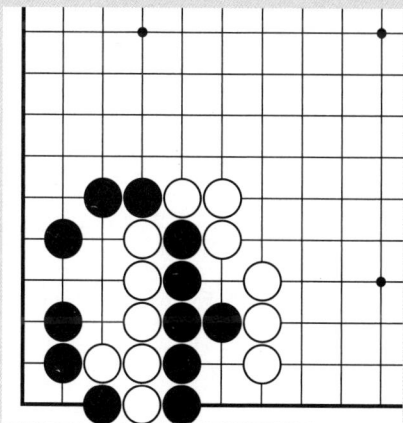

图 1　局面拖入对杀

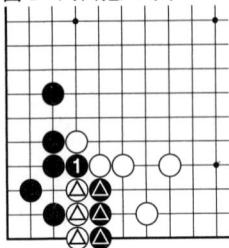

图 2　黑长一气得胜

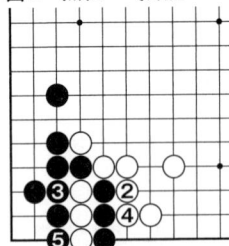

图 3　白棋建立联络

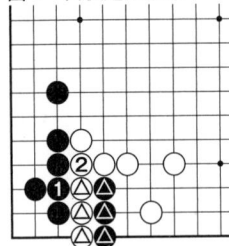

图 4　白 1 是要点

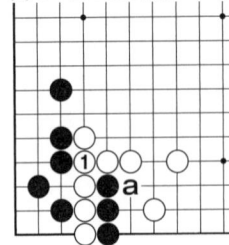

图 1（答案）

为了救下🔺，唯有将其拖入同△的对杀，而黑 1（B 位）的断不可错过。

图 2（答案的后续）

一旦转入对杀，黑棋有三口气，白棋有两口气，因此会是一手之差黑棋胜。即便是从白 2 开始紧气，黑棋行 3、5 还是能抢先提吃。

图 3（失败）

明明还没有形成对杀，黑方就去 1 位（A 位）紧△的气，这样结果会是失败。让白棋 2 位粘上与外侧取得联络，局面就不会再是对杀。本图的🔺成了无方可救的死子。

图 4（参考）

白方先行的情况下，虽然第一手下白 a 也能在对杀中取胜，但理应还是 1 位联络上外侧棋子比较好。这样下就不用再担心被黑方拖入对杀。白 1 是不能错过的要点。

解答 8

图 1　不要在意❷

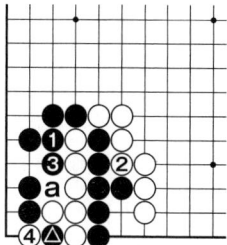

图 2　黑棋一手之差得胜

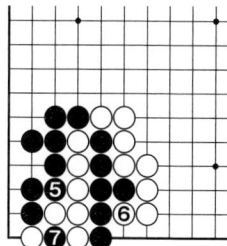

图 3　黑 1 无关对杀

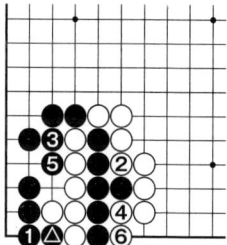

图 4　白先的话……

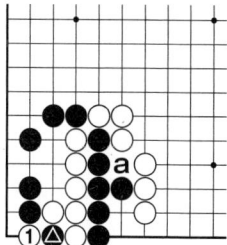

图 1（答案）

本题的对杀，黑白双方同为三口气。让人挂心的是已经只剩一气的❷，不过这一子和对杀并没有直接关系。黑棋从 1、3、a 紧白棋气开始下。黑 3 时白棋只剩一口气，因此白 4 可能会去提❷。不过黑方对此无须在意。

图 2（答案的后续）

接着，黑 5 打吃白棋。白棋要是下 6 位则黑棋 7 位，对杀结果黑棋胜。

图 3（失败 1）

黑棋第一手一旦下 1 位试图救❷，白棋 2 位紧气便致使对杀白棋胜。这是由于救❷的黑 1 一手并没有紧到白棋的气。

图 4（参考）

如果本问是白先，下 a 位仍旧会取得对杀的胜利。不过白棋还有 1 位提❷的手段。这手白 1 后，白棋的气长为四口，因此对杀会是白棋胜出。

9 攻击主体部分

图1　白棋有几口气?

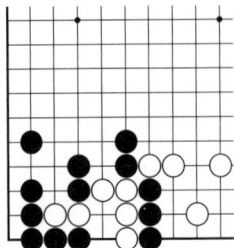

图2　攻击主体部分

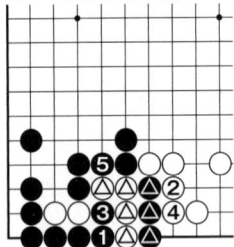

图3　△不是主体

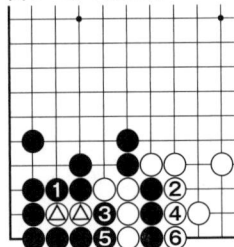

图4　白棋的错误

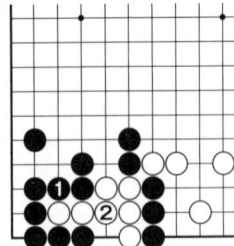

图1（白棋有几口气?）

发展出对杀时，明辨对方棋子的主体部分，对该主体进行紧气非常重要。

本图的对杀中很容易知道黑棋有三口气，可白棋的气究竟有几口呢？而接下来黑棋的一手该下在哪里呢？

图2（进攻主体后黑棋得胜）

与▲形成对杀的白棋主体部分是△四子。由于其有三口气，黑棋只要行1、3、5确实地紧掉这块主体的气，结果就会是一手之差黑棋胜。黑1、3、5的手顺怎么排都没问题。

图3（黑1无用）

然而，一旦被细枝末节的△两子所迷惑而去紧1位的气，就会让白2紧了黑棋的气而导致对杀胜果落入白方之手。黑3虽然能吃△，但这两子和对杀并无干系。

排至本图白6，黑1一子没紧到白棋主体的气的事实就很清楚了吧。

图4（白棋也遭遇失败）

应黑1，白棋2位粘也是没看到对杀主体的表现。这样反而短了白棋整体的气，而对杀结果会是黑棋胜出。

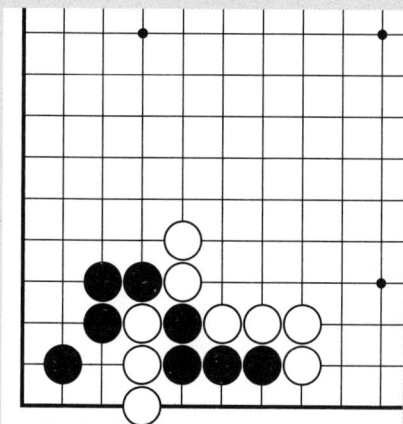

问题 9

● 黑先

　　图示对杀，黑方怎样紧气比较好呢？

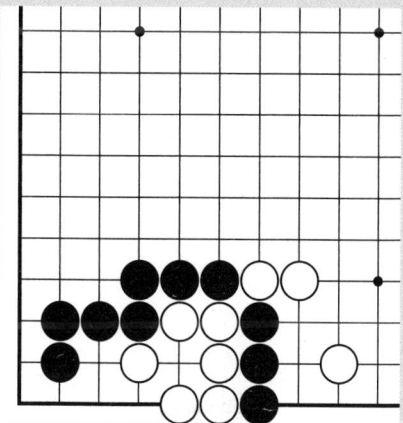

问题 10

● 黑先

　　图示对杀中，黑棋有三口气。而白棋究竟有几口气呢？黑棋怎样才能在对杀中胜出？

图1 从外侧紧气

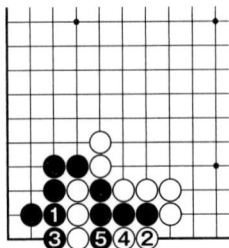

图2 先紧公气则失败

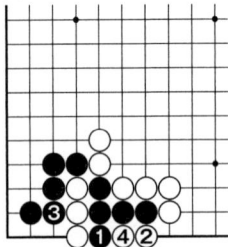

图3 从外侧围追

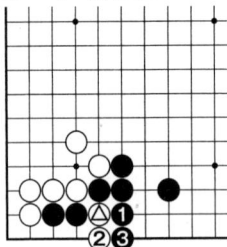

图4 黑3紧的是公气

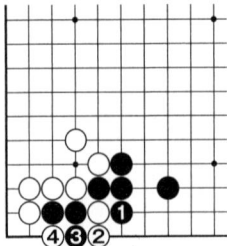

图1（答案）

黑棋行1、3从外侧紧气才符合对杀的基本守则。白2、4的时候，黑棋5位可以吃掉白棋，故而对杀是黑棋胜出。黑1与黑3的顺序反过来也没关系。

图2（失败）

黑棋不慎先从内部开始紧气的话，白2后黑棋一方先遭到打吃，并最终被提。先紧外气这条对杀常识，我们得好好遵守。

图3（参考1）

本图所示是实战中也经常会出现的棋形。黑1打能够吃掉△。针对白2，黑棋3位从外侧围追可以杀棋。

图4（参考2）

然而，下了黑1、白2的时候，黑棋若不慎下3位从内侧紧气的话，就会被白4吃掉。先紧外气，紧对方主体部分的气，这两条对杀的基本守则还请随时留心。

解答 10

图 1　尖是正确的进攻手段

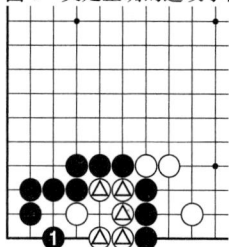

图 2　黑长一气得胜

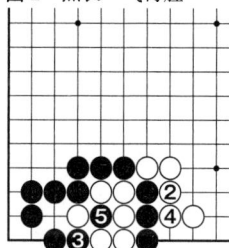

图 3　黑三口气，白两口气

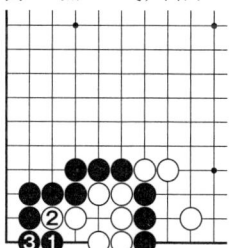

图 4　△一子无关

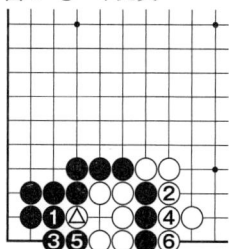

图 1（答案）

参与对杀的主体是△五子。黑棋 1 位尖是对白棋主体紧气的下法，故对杀是黑棋得胜。

图 2（答案的后续）

接下来的对杀过程，会是黑棋 3、5 位攻击白棋主体，最终以一手之差得胜。

图 3（答案的变化）

黑 1 时遇到白棋 2 位抵抗不要慌乱，下黑 3 就会在对杀中得胜。在此局面下，黑棋三口气而白棋两口气的情况并不会发生变化。

图 4（失败）

被△迷惑而下出的黑 1，会在白 2 的先行紧气下招致对杀的失利。黑棋结果还是必须下 3 位，故而会被白棋行 4、6 先一步吃掉。此外，黑 3 即便改下 5 位打算直接紧白棋气，被白 3 提掉后结果也只是长了白棋的气。图 1 的黑 1，然后图 2 的黑 3，这才是对白棋主体紧气的正确手顺。

图1 对杀会是白方得胜？

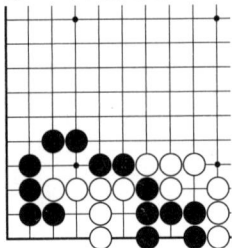

图2 有眼杀无眼！

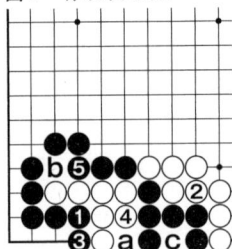

图3 没有公气的对杀

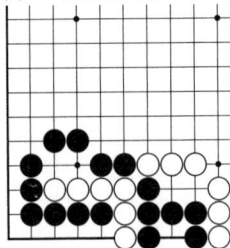

图4 白棋对杀得胜

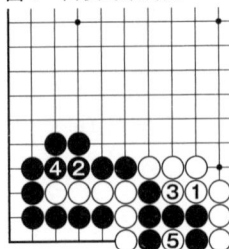

"**有眼杀无眼**"是对杀的一种形态，盘上局部是一方棋子有眼而另一方棋子无眼的状态。绝大多数的情况下，有眼一方更有利。

图1（有眼与无眼的对杀）

图示对杀，按一般方法数气的话，看上去黑棋有四口气而白棋有六口气。下一手轮到黑方下，如果从气长来想的话应该是赢不了。

图2（黑棋得胜）

然而，黑棋先1、3位紧气再一看，不可思议地，黑5时白方却无法进一步对黑棋出手了。接下来下白a，结果是黑b提掉白棋，而c位又下不进去，对杀便成了黑棋得胜。由于对黑棋而言，这是c位眼发挥了作用的结果，我们就说它是有眼杀无眼。

图3（没有公气的棋形）

有眼杀无眼在没有公气的情况下会失效。本图虽然黑棋有眼，但因为不存在公气，对杀时双方各有三口气。

图4（先手得胜）

如果白棋先行在1、3位紧气，最后就能下进5位，因此对杀会是白棋胜出。图3所示的对杀是先手胜的类型。

●黑先

为了在对杀中胜
出，黑棋应该要下在
哪里呢？

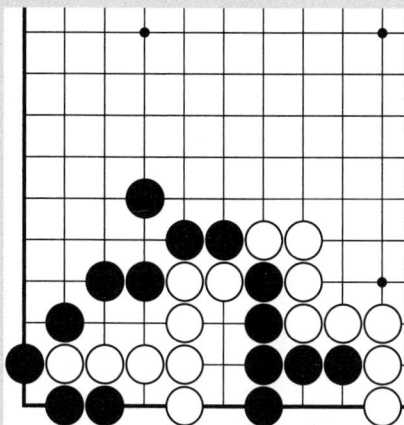

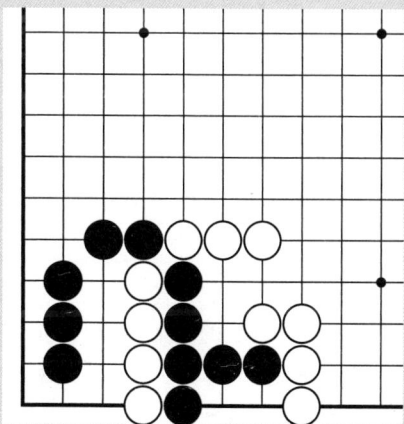

问题 12

●黑先

为了在对杀中胜
出，黑棋应该要下在
哪里呢？

图 1　做眼

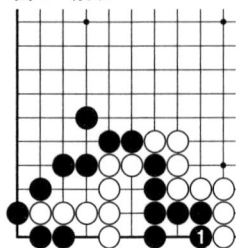

图 2　黑棋对杀得胜

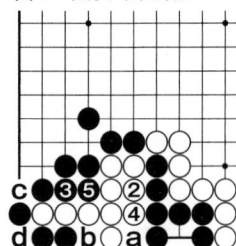

图 3　先紧外气则失败

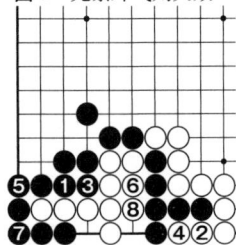

图 4　破眼很重要

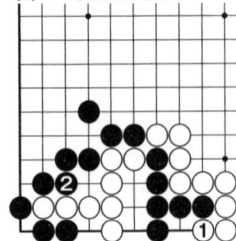

图 1（答案）

　　气是白棋的较长，黑棋在角上又还有弱点。不过凭着黑 1 做出的眼，黑棋可以赢得对杀的胜利。

图 2（答案的后续）

　　接着白方下 2、4 位，而黑方只要 5 位紧气，白棋就不能下进 a 位了。黑棋虽然也不能马上进到 b 位，但先下黑 c、d 消除弱点之后就能下黑 b，因此对杀会是黑棋胜出。实战中可以就进行到这里，对局最后再将白棋作为死子提走。

图 3（失败）

　　黑 1 紧外气的话，会被白棋 2 位夺去眼位，对杀结果变成白棋胜出。黑棋必须要走 5 位和 7 位的迂回，因而会在白 6、8 后告负。

图 4（参考）

　　白方先行的情况下也得 1 位破眼。即使被黑 2 紧一气，白方**脱先**也仍旧抱有胜果。

解答 12

图 1　先手得胜

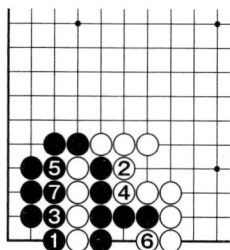

图 2　大恶手!

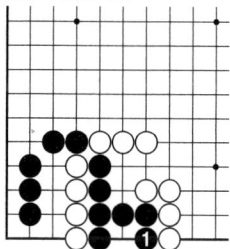

图 3　白棋脱先仍然得胜

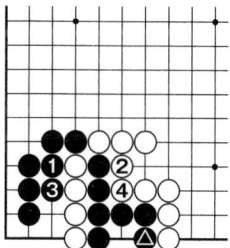

图 4　白棋对杀得胜

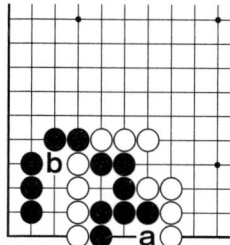

图 1（答案）

　　黑白双方同是四口气。这里是先手得胜的情形，行黑 1 至 7 结果便是黑棋一手之差的胜利。黑 1 至 7 无论顺序如何，效果都相同。

图 2（失败）

　　本题的对杀没有公气，因此黑 1 做眼毫无意义。不止如此，黑 1 还是紧自己气的大恶手。

图 3（败因的后续）

　　前一图时就算让白方脱先，由黑棋先行 1 位紧气，白 2、4 后对杀仍然是白棋得胜。

图 4（参考）

　　像本图这样公气较少而外气有差距的对杀，即便黑棋 a 位做成有眼与无眼相争，而同时白棋脱先，结果还是黑棋告负。照一般方法下黑 b 从外侧紧气，白 a 一出，黑棋仍然会输掉。由此可见，这是黑棋无法在对杀中取胜的棋形。

11 对杀技巧

图 1　对杀的手筋怎么下？

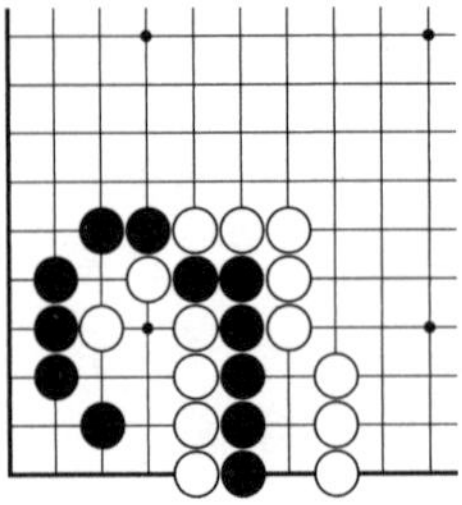

图 2　扑！

图 3　黑棋对杀得胜

图 4　单纯应对则白棋得胜

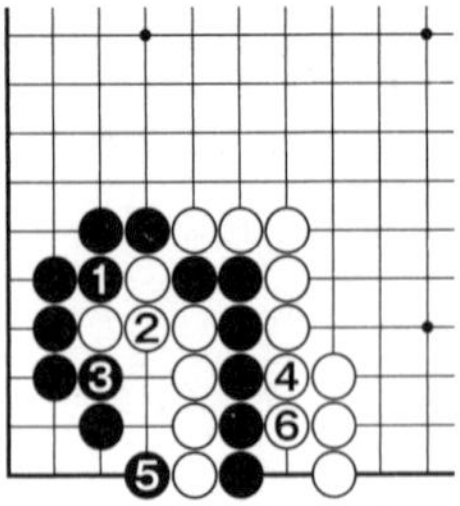

让对杀形势变有利的各类手筋数量也很多。一种一种识记，逐渐积累掌握住的手筋的话，相应地也就能逐渐接近初段的水平。

图 1（对杀、黑先）

这里轮到黑方下。对杀中黑白双方同样都是六子，不过黑棋有用于对杀的手筋。

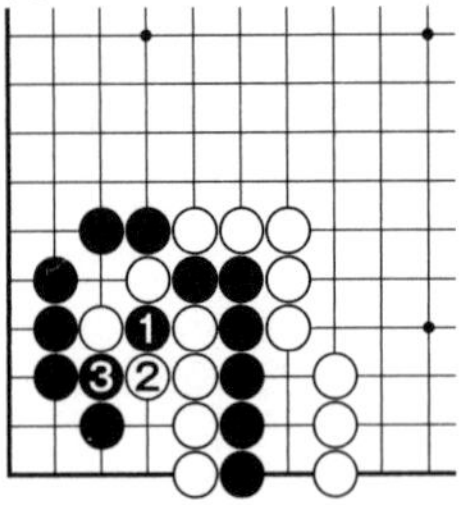

图 2（缩白棋的气）

黑 1 扑是缩白棋气的手筋。白 2 拔的时候，黑 3 是急所。

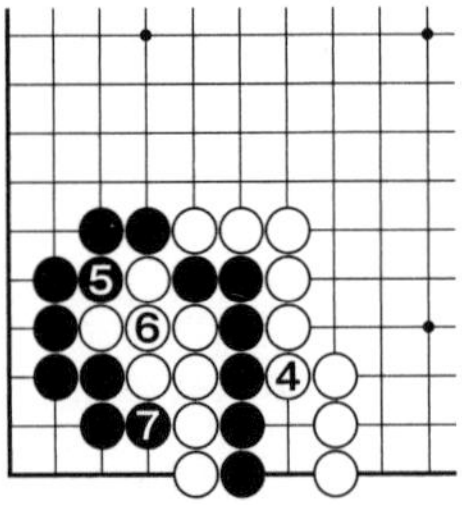

图 3（黑棋对杀得胜）

被白 4 紧气后，黑棋就只有两口气了。但接着黑方如果 5 位打，白棋除了 6 位粘之外没有更好的办法。此时，因图 2 黑 1 的效果，白棋的气变得十分短。最后黑 7 抢先打吃白棋，对杀中黑棋得胜。

图 4（白棋对杀得胜）

黑棋单纯地 1 位打吃白棋的话，会让白棋 2 位粘上，此时白棋有四口气。由于黑棋只有三口气，就算黑 3、5 紧气，到白 6 时还是白棋赢得对杀的胜利。

像图 2 黑 1 这样利用弃子缩对方气的手筋经常会出现。

11 对杀技巧

图 1　白棋有几口气？

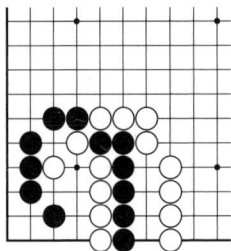

图 2　长气的粘

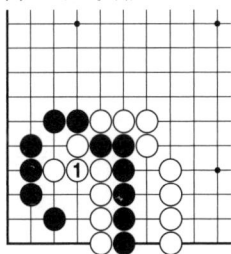

图 3　黑 2 是手筋

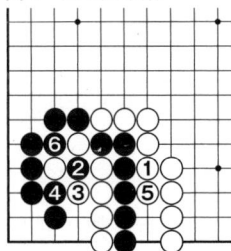

图 4　白棋来得及下 3 位

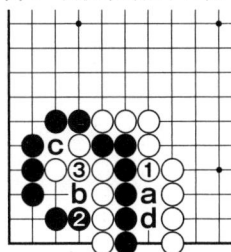

图 1（对杀、白先）

这次换作白方先行。黑棋有四口气是很明显的事实，但白棋是几口气呢？

图 2（长气）

白 1 粘是手筋，它防住了黑方扑入的手筋。借此白棋成了五口气。由于黑棋是四口气，白棋长一气而胜。

图 3（白棋败于黑 2）

就算说是紧张激烈的对杀，如若不经思考下白 1 紧对方气，结果就会被黑棋下出 2 位扑的手筋。白 3 时黑棋下到 4 位，白棋便在对杀中告负，这与前一页的情况如出一辙。

像图 2 白 1 这样的，有时会被描述成是"白棋的**长气手筋**"。

图 4（双方应对错误）

白 1 是失败的处理，不过如果黑方也没发现手筋而下了黑 2 紧气，白棋就还来得及白 3。这样会是白棋得胜。白 3 时还是没发现问题而下了 a 位紧气的话，黑 3 位、白 b 位、黑 c 位、白 d 位走成劫。一旦双方都没有注意到正确下法，就会发展出意料之外的变化，这种情况在实战中也经常会发生。

11 对杀技巧

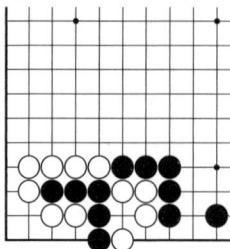

图1 对杀结果会如何?

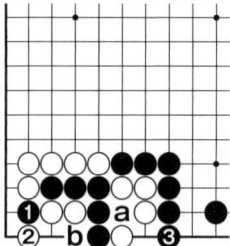

图2 "断一手"的手筋

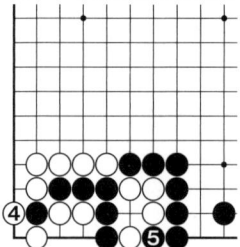

图3 对杀会是黑棋得胜

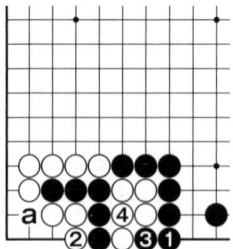

图4 考虑不足

图1（对杀、黑先）

图示是黑棋五子与白棋四子的对杀。双方好像都是两口气，但仔细观察会发现黑方无法立即对白棋整体进行有效打吃。黑棋有必要长气。

图2（长气的手筋）

黑1"断一手"是长气的手筋。这一子无奈会被白2所吃，但黑棋也因此有了余裕，故而3位立开始加入对杀。无论a位或b位，白棋都下不进去。黑1断为的正是不让白棋下b位。

图3（黑棋一手之差得胜）

由于黑方的手段能强制白方4位迂回，黑5打后，对杀就会是黑棋得胜。

图4（白棋对杀得胜）

什么心思都不花就下黑1迎来对杀的话，会被白棋2位打吃。黑3后白4，则黑棋在对杀中告负。而黑3时才想到去下a位断也来不及了，黑棋马上就要被白4提掉。

以一手图2黑1断，就可以让白棋多背负图2白2以及图3白4两手棋，这就是手筋的效果。

11 对杀技巧

图 1　对杀中黑棋不利?

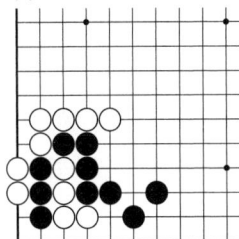

图 1（对杀、黑先）

　　下一手轮到黑方。由于这场对杀中黑棋两口气而白棋三口气，普通相互紧气的话黑棋不可能胜出。但是，通过巧妙地利用角落位置，能够做到逆转双方气长的差距。

图 2　白方无法出手

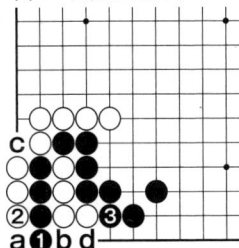

图 2（利用角落）

　　黑 1 立是手筋。白 2 要是紧气，黑棋也 3 位紧气。此时白棋不能下进 a 位。白 b 当然也一样不能下。白棋没办法只能 c 位迂回的话，黑棋 d 位即赢得对杀的胜利。

图 3　打吃资敌

图 3（打吃是俗筋）

　　黑棋下出 1 位打也长不了气。让白 2 粘上后，图 2 中利用角上位置的手筋也使不上了。据此，黑 3 后白 4，黑棋告负。黑 3 要是改下 4 位，白棋就下 a 位。

　　黑 1 打吃完全是资敌行为。

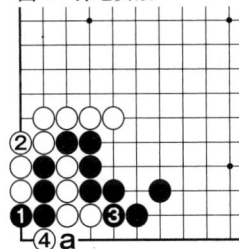

图 4　对杀中黑棋告负

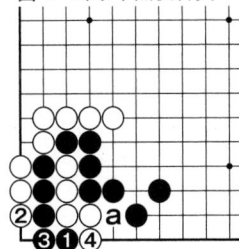

图 4（仍是黑棋输）

　　本图黑 1 扳也不合理，白 2 时黑棋就出局了。黑 3 无奈粘上，又被白 4 连续着第二次打吃，对杀黑棋告负。最终黑棋被提。

11 对杀技巧

图1 二子之间的对杀

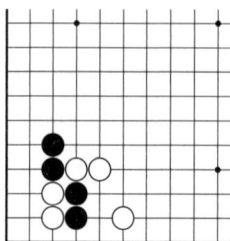

图2 二子挟腰!

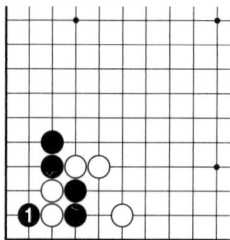

图3 黑棋对杀得胜

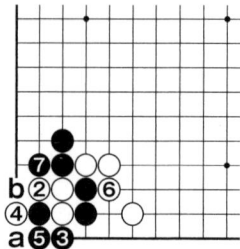

图4 黑3导致慢一手

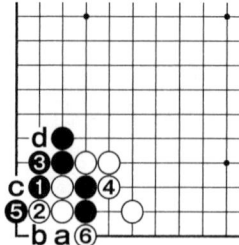

图1（黑先）

下一手轮到黑方。图示是黑棋两子与白棋两子的对杀。因为双方都是三口气，感觉上只要抢先紧气就能正常取胜，但白棋两子的气却没办法轻易给紧掉。

图2（夹的手筋）

黑1是被称为"二子挟腰"的手筋。学到这一手的话在实战中会很有用。

图3（黑棋对杀得胜）

接着应白2冲出，黑棋3位渡过。白4后又再黑5粘，结果白棋两口气而黑棋有三口气，因此对杀会是黑棋得胜。白4改下5位扑则黑棋a位拔掉，再应白b下黑7，一样也是黑棋得胜。

图4（因必须黑3防守而失败）

黑1紧气的情况下，应白2，黑棋不得不3位防守。因此白4后黑棋输掉对杀。实战中，白4的时候改下5位在占地上得利更多。有些情形第一手下黑a也没问题，但本图随之有白2位、黑b位、白5位、黑c位、白3位、黑d位、白4位，黑棋因而告负。

11 对杀技巧

图1　白棋长气

图1（黑先）

图示是●四子和○两子的对杀。●有三口气，○有两口气。现正进行到白棋意图长气而下了1位的时候，这里黑棋有很巧妙的手筋可用。

图2　两扳的手筋

图2（白棋的手筋）

先看失败的例子。黑棋应在1位，对白2也应一手黑3的话，白4便让白棋从对杀中胜出。○与白2是叫作"**两扳**"的手筋，关于它还有"**两扳长一气**"的格言。

图3　一手之差白棋胜

图3（一手之差白棋胜）

接着到黑棋4位紧气的时候。应白5粘，由于黑6不得不去拔无关的棋子，白棋7位以一手之差赢得对杀。

图4　虽有造劫的手段……

图4（强行的劫）

图2黑3的时候，有下本图1位"**夹**"的手筋。白2紧气后，黑棋可以下3位再至5位强行造劫。但其实不费这等功夫，图1阶段黑棋也有好棋可下。

另外，白2改下3位粘的话，黑棋a位挡上则对杀黑胜。白2改6位，则黑4位、白3位、黑b位，还是黑棋得胜。对白棋而言，一旦有两扳以外的多余动作，气就长不了了。

图5 点入是急所

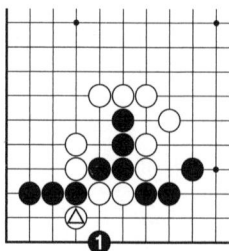

图6 狸猫敲肚皮

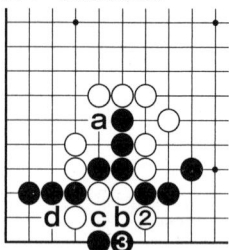

图7 弃子……

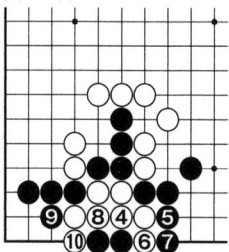

图8 对杀黑棋得胜

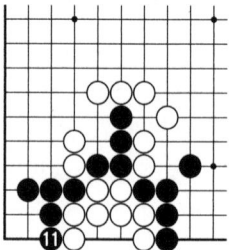

图5（黑棋的手筋）

回到图1，应△的扳，黑棋1位的点入是急所。这样下，对杀就会是黑棋得胜。

图6（狸猫敲肚皮）

对白2的扳也一样，黑棋在相同位置关系的3位并。图5的黑1与本图的黑3是叫作"**狸猫敲肚皮**"的手筋。看起来确实有点像那么回事，命名者的想象力可真了不得啊。

在此状态下，白棋并没有长到气。白a紧气，随后也将有黑b、白c、黑d，对杀会是黑棋得胜。另外，白2改下c位则黑d应，改下3位则黑b应，结果还是黑棋胜出。

图7（舍弃两子）

接续图6，对白4粘，黑棋5、7紧气。虽然被白8杀掉了两子，但黑9紧气会令白棋用10一手把这两子提掉。

图8（一手之差黑棋胜）

送吃最开始下出手筋的黑棋两子，再行11位挡的话，由于白棋是两口气，对杀将以一手之差终结于黑棋的胜利。

虽说是这么一种相当不可思议的吃子方法，但黑棋要在对杀中取胜也没有别的选择了。

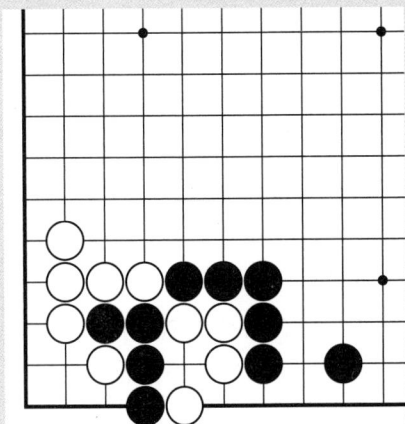

●黑先

图示为黑棋四子与白棋四子的对杀。请注意在不要下得过分的前提下赢下对杀。

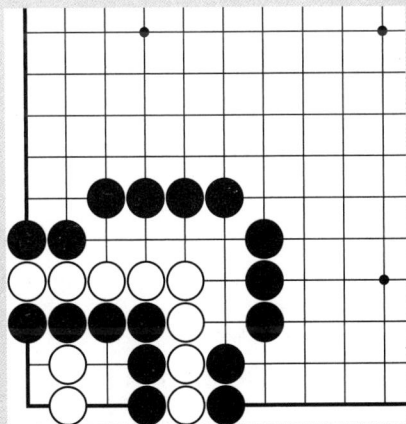

问题 14

●黑先

图示局部呈现出的棋形可说是十分复杂。总之请想办法吃掉全部白棋。

解答 13

图 1 "断一手"的手筋

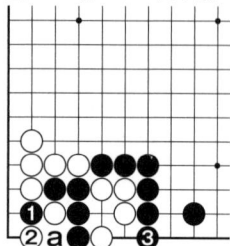

图 2 可吃白棋

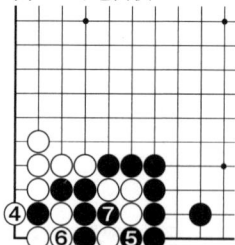

图 3 黑棋过分

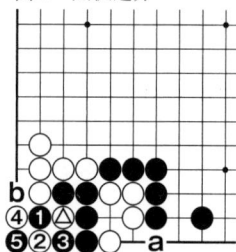

图 4 黑棋没细想

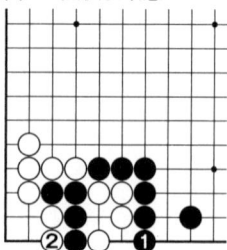

图 1（答案）

黑 1 的断一手是长气的手筋。而黑 3 取得对杀的胜利。黑 1 与白 2 的交换防止了 a 位被白方下到。

图 2（答案的后续）

接下来白棋有必要下 4 位，于是黑 5、7 可以提掉白棋。

图 3（失败 1）

黑 1、白 2 时，黑 3 就过分了。被白 4 缠上后，就算黑 a 回到对杀上，白△所提也是**紧气劫**。白 4 之后，黑棋 5 位提劫会比较好，但这也只不过是"黑棋有利的**两手劫**"的棋形，要得胜并不是无条件的。此后白棋要是下 b 位，黑棋就还好。但若白棋在劫争上花力气，黑棋也还是赢不了这场对杀。

图 4（失败 2）

黑 1 单纯进行杀棋的话会被白 2 打吃，黑棋轻易就告负了。

图 1 的断一手是花了心思的手筋。

图1 下成刀五形

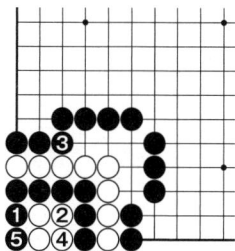

图1（答案）

由于角落的黑子不可能活棋，就只好赢下与外侧白棋的对杀。黑棋下在1位也只会变成已被点杀的刀五形，但刀五是种气很长的棋形。白2、4的时候，黑棋下5位提吃。

图2 白棋里，黑棋外

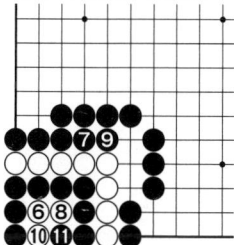

图2（答案的后续1）

接着白棋不得不6、8再次从里面进行紧气。黑棋在此期间就去紧外侧白棋的气。由于白10后黑棋只剩一口气，这时就黑11提走角落上的白子。

图3 黑棋对杀得胜

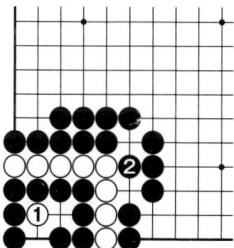

图3（答案的后续2）

接着白1下曲三点杀之时，黑棋就2位打吃。外侧白棋的气虽有五口之长，但黑棋却可以用刀五形长气，从而赢得对杀的胜利。

图4 黑棋大败

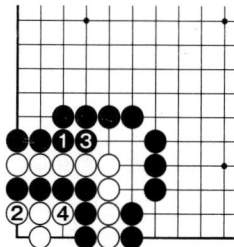

图4（失败）

黑1单纯去紧外侧白棋的气的话，一旦让白2在角上做出一只眼，黑棋就无法对此处的白棋出手了。最终黑棋在对杀中告负。

12 劫

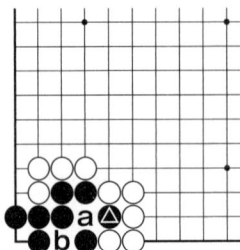

图1 死？活？

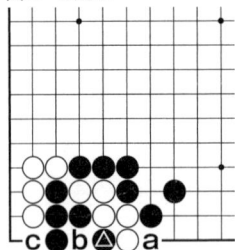

图2 对杀？

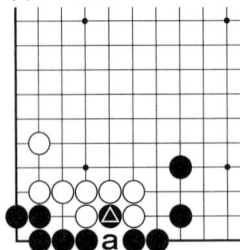

图3 联络上了吗？

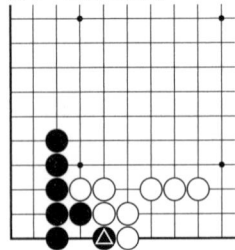

图4 低价值的劫

最后，我们就"劫"的基础知识来讲一讲。初学者不太喜欢劫，但正是劫让围棋成了这样一种有深度又有趣的游戏。

图1（生死劫）

说到底，"劫争"的发生，其本质是某种棋形上的未定。

本图所示为"生死劫"。黑棋只要a位粘上就能两眼活棋。可一旦让白a提劫后又再白▲位粘上的话，b位就是假眼，黑棋因此而死。

图2（对杀之劫）

本图的劫是"对杀之劫"。此时显示的是▲提劫后的局面。接下来黑棋可以a位吃掉白棋。反过来，白棋b位提劫，接下来要是下到c位，就会是白棋赢得对杀的胜利。也就是说打赢劫的一方会在对杀中取胜。

图3（联络之劫）

本图所示是"联络之劫"。黑方若a位粘上，角上的黑棋就能朝外侧逃出。白棋若a位提劫再粘▲位置，则黑棋遭到分断。

图4（极小的劫）

本图所示为"单劫"。两边都只提吃得到对方一子，是价值最低的劫。遇到劫，我们首先要想想这个劫是在争夺些什么。

12 劫

图1 为何劫争?

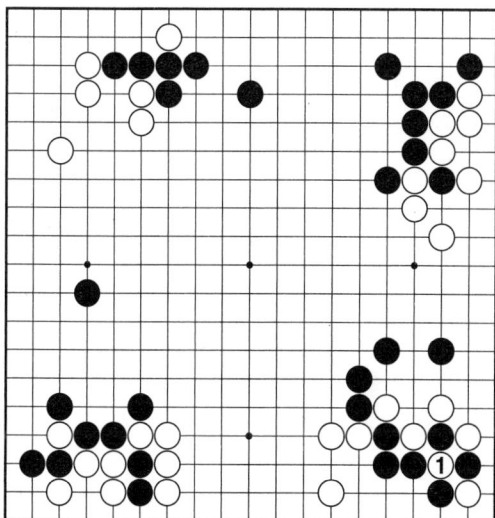

图2 白方打赢劫争则右下角成为大块白地

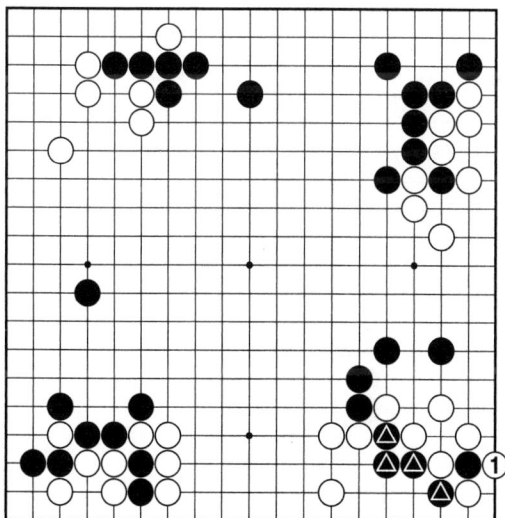

那么，就让我们来慢慢看一些实际的劫争例子吧。

图1（劫争开始）

白1进行了提劫。首先，来想想这个劫所争夺的是什么。

图2（白方打赢劫争的情况）

先是白方1位"**消劫**"的图示。我们在头脑中想象一下该图的实际变化过程。

▲四子遭到包围，也做不出两眼来。右下建立起了广大的白地。

图 3 黑方打赢劫争则右下角成为大块黑地

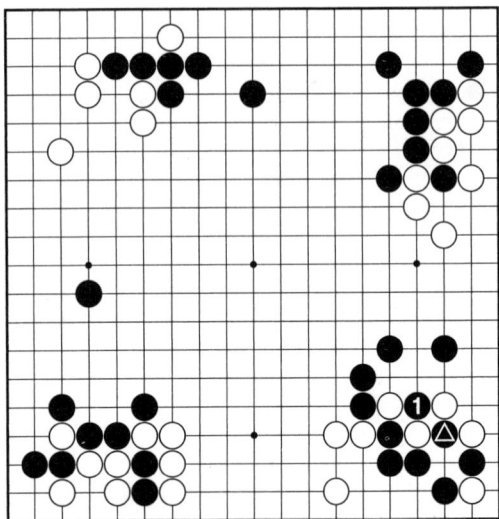

图 4 使用劫材!

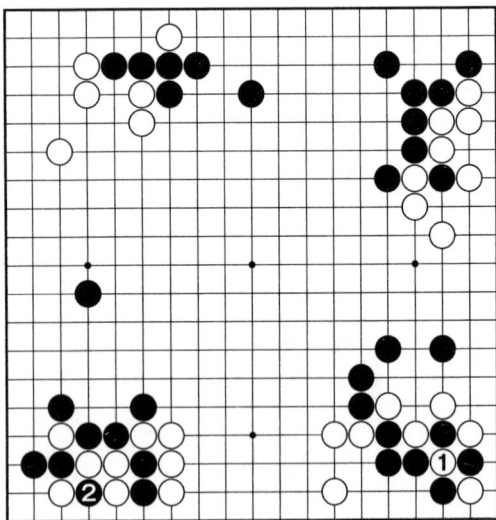

图 3（黑方打赢劫争的情况）

接下来我们想象一下△提劫后黑棋 1 位消劫的图景。右下发展成了大片的黑地。很容易看出图 2 与图 3 差距相当大吧。此处正是那种价值相当大的劫。

图 4（劫材）

在这里，针对白 1 一手，黑棋为了把劫提回来就找了"劫材"（黑 2）。劫材的目的就一个，只要让对方去应它就行了。

12 劫

图 5　成功回提！

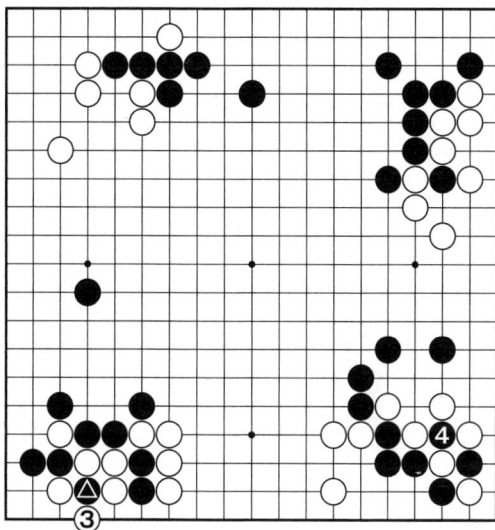

图 6　如何应对白方劫材？

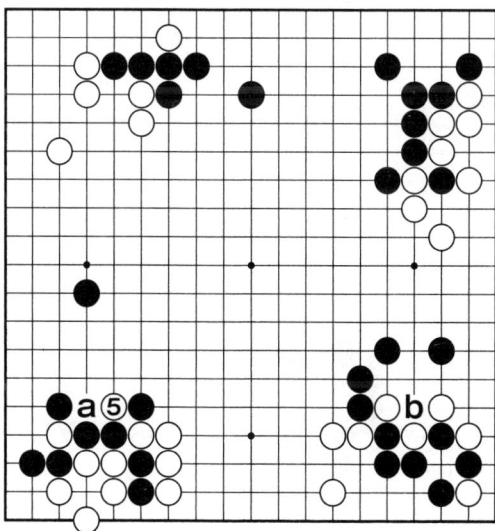

图 5（让对方应就行）

因为最终会被白 3 提掉，下出 ▲ 一手并无意义。但是，劫材只要能让对方应就行，因此 ▲ 没有意义也不要紧。黑 4 时就可以提劫了。

图 6（白方的劫材）

白方找了 5 位的劫材。

这时黑方就会考虑是应该 a 位应呢，还是应该 b 位消劫。各位会下哪一处呢？

图 7　左下价值很大

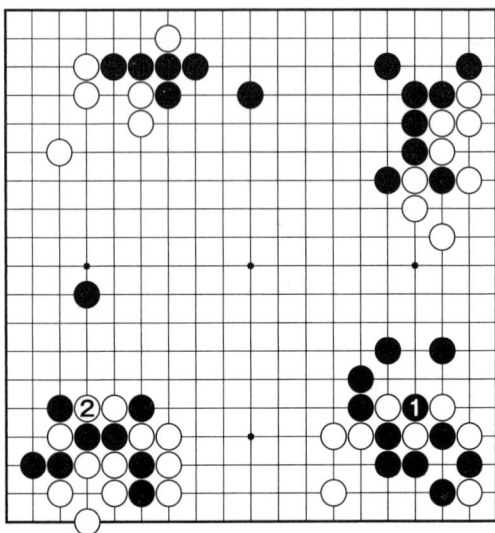

图 7（白 2 价值也很大）

黑棋如果 1 位消劫，右下会变成大块的黑地。然而，一旦被白 2 在左边连下到第二手，从而提掉黑棋两子，左边上黑方的势力就会消亡，左下将成为大块的白地。这种情况黑方应该同样很痛苦。

图 8　白方要是回提的话？

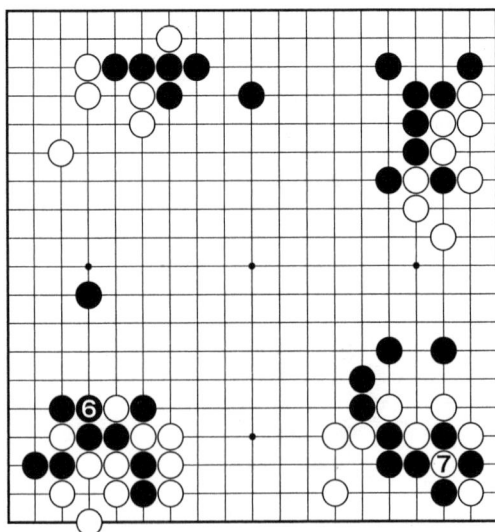

图 8（劫争继续）

我们在头脑中先感受一下图 7 的局势。因为黑方看来会很痛苦，便还是选择黑 6 应。

白方不用说，当然是白 7 提劫，此时黑方要怎么下？

12 劫

图 9　消解右下的劫！

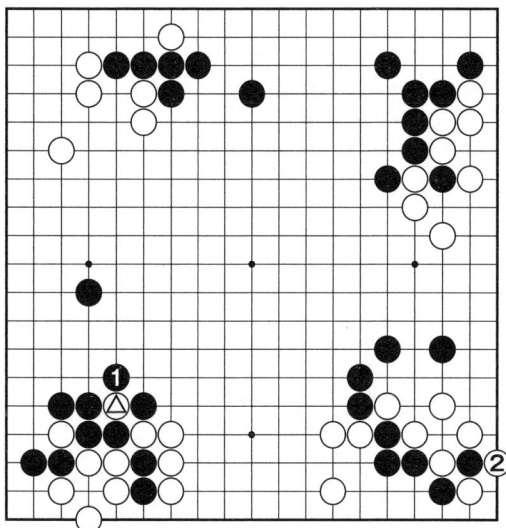

图 10　黑棋也要使用劫材

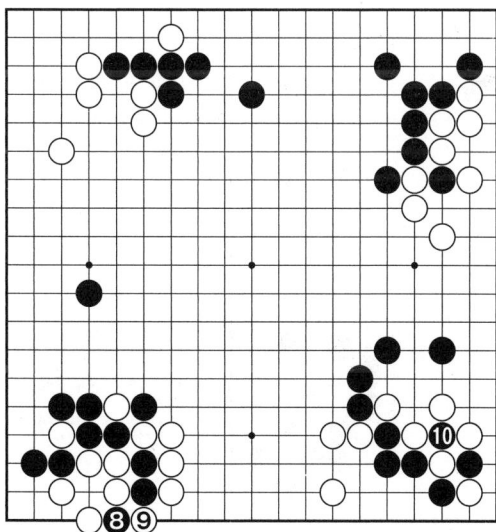

图 9（不下劫材则输掉劫争）

这里，被△带偏结果下了黑 1 拔的人很多。然而，黑 1 并不是劫材。由于白方没有必要在此应一手，这就会让白棋 2 位消掉右下的劫。

图 10（劫材）

由于右下的劫还没有解决，接图 8 之后，黑方应该要找劫材。这个局面下，黑棋 8 位有一手劫材。白棋如果 9 位应，黑 10 就可以提劫。

图 11　右下与左下的转换

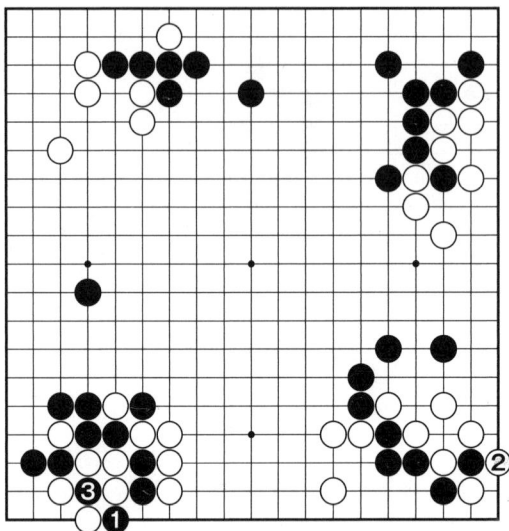

图 11（转换）

　　对黑1，白方要是2位消劫，黑方就3位提白棋三子。右下价值虽然很大，但左下的战果也与此相当，这叫作"**转换**"。比起图9，本图黑棋的状态要远胜于前者。

图 12　消劫的时机

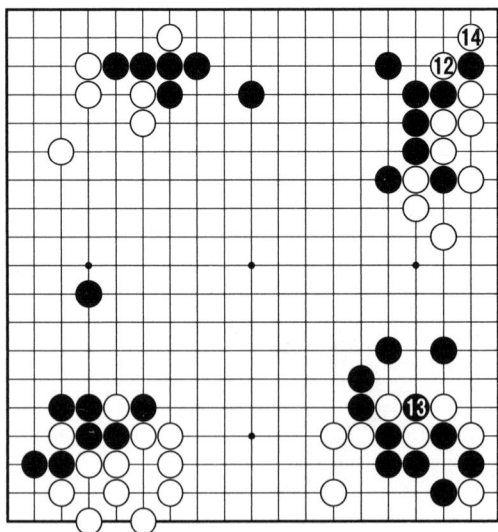

图 12（消劫的决断）

　　接图 10，让我们假设白方找了 12 位的劫材。确实右上角价值也很大，但相比起来右下的规模似乎要更大，由是黑 13 消劫，劫原先位置的棋形确定。以上便是劫争的过程。

12 劫

图 13　无劫材

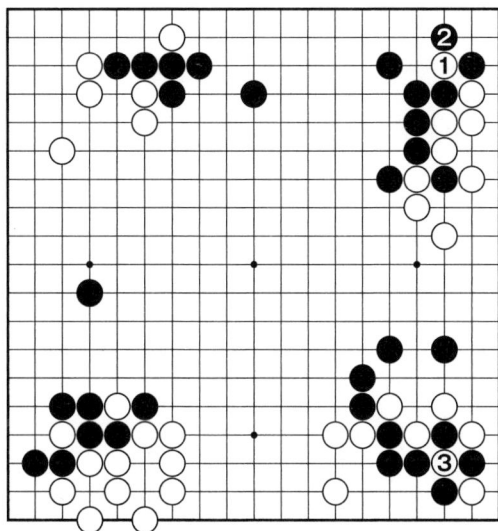

图 14　白方有利的转换

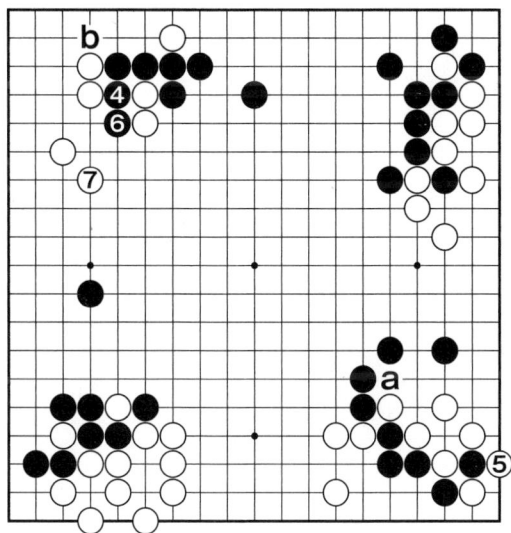

图 13（一旦拖延）

劫争中，图 12 那样的消劫决断也是很重要的。若对白 1 没有深入思考而应了黑 2 的话，被白 3 提劫后，黑方没有劫材会很头疼。

图 14（白方有利的转换）

黑 4 冲之后会被白 5 消劫。即便黑 6 冲破白阵，也还是右下白方的成果要更大些。黑 4 时还有 a、b 等处的劫材，但无论下哪一处，比起图 12 来黑方都有所不满。

◎ 围棋术语索引

※ 索引按汉语拼音顺序对本书中采用的主要术语进行了编列。
※ 括号内为日语原文对照。
※ 数字为页码。